中国建设银行研究院
国务院发展研究中心金融研究所

2019

金融科技研究与评估

全球系统重要性银行金融科技指数

黄 毅 王一鸣 ◇ 主 编

FINTECH RESEARCH AND EVALUATION 「2019」
FinTech Index of Global Systemically Important Banks

图书在版编目（CIP）数据

金融科技研究与评估 . 2019：全球系统重要性银行金融科技指数 / 黄毅，王一鸣主编 . —北京：中国发展出版社，2019.11

ISBN 978-7-5177-1111-7

Ⅰ . ①金… Ⅱ . ①黄… ②王… Ⅲ . ①金融—科学技术—研究 Ⅳ . ① F830

中国版本图书馆 CIP 数据核字（2020）第 002385 号

书　　　名：	金融科技研究与评估 2019：全球系统重要性银行金融科技指数
著作责任者：	黄　毅　王一鸣
出 版 发 行：	中国发展出版社
联 系 地 址：	北京经济技术开发区荣华中路 22 号亦城财富中心 1 号楼 8 层（100176）
标 准 书 号：	ISBN 978-7-5177-1111-7
经 销 者：	各地新华书店
印 刷 者：	三河市东方印刷有限公司
开　　　本：	787mm × 1092mm　1/16
印　　　张：	17
字　　　数：	220 千字
版　　　次：	2020 年 9 月第 1 版
印　　　次：	2020 年 9 月第 1 次印刷
定　　　价：	79.00 元
联 系 电 话：	（010）68990630　68990692
购 书 热 线：	（010）68990682　68990686
网 络 订 购：	http://zgfzcbs.tmall.com
网 购 电 话：	（010）88333349　68990639
本 社 网 址：	http://www.develpress.com
电 子 邮 件：	370118561@qq.com

版权所有·翻印必究

本社图书若有缺页、倒页，请向发行部调换

《金融科技研究与评估2019：全球系统重要性银行金融科技指数》编写组

主　编　黄　毅　王一鸣
副主编　杨　洸　吴振宇　杜要忠
协调人　边　鹏　石　光

编写组成员

中国建设银行

黄　毅　杨　洸　杜要忠　边　鹏　闫　晗
林　胜　安　俊　王丽寒　陈天雨

国务院发展研究中心

王一鸣　吴振宇　陈道富　石　光　朱鸿鸣

各章执笔

上 篇

第一章　吴振宇　石　光

第二章　陈道富　朱鸿鸣　边　鹏

第三章　闫　晗

第四章　吴振宇　石　光

第五章　林　胜

第六章　金融科技课题组

第七章　闫　晗　陈天雨

第八章　边　鹏

第九章　金融科技课题组

中 篇

第一章　金融科技课题组

第二章　闫　晗　边　鹏

第三章　边　鹏

下 篇

第一章　林　胜　闫　晗

第二章　闫　晗　边　鹏

第三章　边　鹏

第四章　边　鹏　闫　晗　王丽寒

第五章　闫　晗

第六章　金融科技课题组

第七章　边　鹏

序 言
Preface

金融效率论认为，金融技术决定了金融资源配置的效率水平和金融交易者的满意程度。近几年，互联网金融改变了金融的生态，平等、开放、共享的互联网思维对传统银行逻辑形成了非常严重的挑战，后来的区块链、云计算、大数据等技术对现有金融体系形成了更大的冲击和挑战。面对这种挑战，中国人民银行《金融科技（FinTech）发展规划（2019—2021年）》指出，坚持创新驱动发展，加快金融科技战略部署与安全应用，已成为深化金融供给侧结构性改革、增强服务实体经济能力、打好防范化解金融风险攻坚战的内在需要和战略选择。

为了更好地推进对金融科技的理论探索和实践应用，有必要通过科学的方法，对一定时期内的金融科技发展情况进行评估，通过纵横比较，总结经验，提出切实可行的政策建议，为金融科技的发展提供研究支持并作出趋势展望。2018年以来，国务院发展研究中心金融研究所与中国建设银行研究院联合组成课题组，以国际智库视角，对金融科技进行了持续深入研究，积累了一定的研究成果。通过对金融科技的持续研究，我们形成了一个逻辑判断：政策影响行业，创新驱动行业。2018年，我们编著了《金融科技研究与评估2018：全球系统重要性银行金融科技指数》一书，以编制指数的方式，评估全球系统重要性银行的金融科技发展水平，取得了较好的社会反响。

2019年，我们面向金融稳定委员会（FSB）发布的29家全球系统重要性银行，全面优化指数编制方法，开展新一轮的金融科技评估，编著了《金融科技研究与评估2019：全球系统重要性银行金融科技指数》一书。本书年度特征更鲜明、计算模型更科学、采集方法更先进、指标覆盖更全面，能够更加全面、客观、科学、及时地对29家全球系统重要性银行的金融科技发展水平进行微观评估，并以此建立全球视野下的金融科技研究和分析框架，对金融科技的知识产权和投资并购进行专题研究，探索金融科技未来趋势，研究提出相关对策建议，具有一定的理论、实践和创新价值。

在研究广度方面有新突破。本书新增了数字货币、开放银行等专题，分为"政策""指数""创新"三篇。上篇"金融科技政策研究"研究各国在金融科技、金融法治、数字货币、数字普惠金融等热点领域的相关政策，并对中国金融科技发展趋势进行前瞻展望；中篇"全球系统重要性银行金融科技指数评估2019"聚焦金融科技评估；下篇"金融科技创新研究"探讨数字货币、金融人工智能、区块链、开放银行等领域的创新与发展。

在研究深度方面由表入里。本书突出了"研"和"究"的精神，在深入调研的基础上，深入探究金融科技的内在机理和外在特质。针对金融科技政策，区分国别与细分市场，对各国、各地区、各细分市场的相关政策进行比较和研判，力求使对策、建议更加有价值和可操作性；针对金融科技指数，进行内容创新、方法创新，力求使指数更加科学、可信、可用；针对金融科技创新，聚焦金融人工智能、区块链等金融科技前沿领域，深入分析各项技术的逻辑脉络、应用前景、发展对策，力求使研究成果更加具有前瞻性。

我们立足全球金融科技发展实践，紧跟全球金融科技行业动态，在重点领域对金融科技创新开展持续深入研究，努力做出高质量研究成果，提出客观独立的建议。在编著本书的过程中，国务院发展研究中心金融研究所与中国建设银行研究院深度研讨、通力合作，期待未来更多合作，产出更高水平的研究成果。

本书可能还存在很多不完善的地方。我们希望将成果分享出来，得到各方的批评和指正，在提高我们自身研究能力和智库建设水平的同时，践行"会聚之道，和而不同"的精神，激发学术讨论和思考，与社会各界一起把金融科技的研究做深、做实、做好。

"金融科技研究与评估2019"编写组

2019年12月1日

目 录
Contents

上 篇　金融科技政策研究

第一章　关于当前金融科技发展若干问题的思考 …………… 002
一、本轮金融科技发展与传统金融科技的异同 ………… 002
二、金融科技对金融业务的影响 ………… 007
三、金融科技对金融产业结构的影响 ………… 011
四、科技型企业进入金融业的前景 ………… 014
五、金融科技应用的风险 ………… 018
六、金融科技对宏观稳定的影响 ………… 024
七、金融科技对金融监管的影响 ………… 027

第二章　我国信息产业链视角下的金融韧性研究 …………… 031
一、我国金融对信息产业链的依赖程度 ………… 031
二、对我国金融信息产业链安全性的基本判断 ………… 033
三、困难和制约因素 ………… 035
四、政策建议 ………… 037
五、持续增强大型银行金融韧性的建议 ………… 038

第三章 BigTech对大型银行的挑战与应对 ········ 039

- 一、BigTech概念溯源 ········ 040
- 二、BigTech进入金融行业的缘起 ········ 041
- 三、BigTech从事金融业务的优势 ········ 041
- 四、BigTech对传统大型银行的影响与挑战 ········ 043
- 五、对策建议 ········ 044

第四章 数字货币Libra的可能影响与对策 ········ 047

- 一、Libra发行管理仍面临诸多挑战 ········ 047
- 二、数字货币的可能冲击和影响 ········ 051
- 三、我国的应对策略 ········ 053

第五章 数字普惠金融政策框架国内外比较研究 ········ 055

- 一、有关国际组织和国家数字普惠金融政策框架比较 ········ 055
- 二、相关政策着力点分析 ········ 059
- 三、启示与建议 ········ 066

第六章 金融科技与金融法治的新变革 ········ 072

- 一、金融科技发展推动金融法治变革 ········ 072
- 二、国外金融法治变革进展 ········ 076
- 三、中国金融法治变革进展 ········ 084
- 四、国内外金融法治变革述评 ········ 088

第七章 美国财政部金融科技专题报告研究 ········ 090

- 一、报告出台背景 ········ 090
- 二、报告的主要内容 ········ 091

三、美国有关方面的反应 ………………………………………… 094
四、报告的启示 …………………………………………………… 097
五、对我国可能造成的影响及建议 ……………………………… 098

第八章 英国央行金融科技进展述评 …………………………… 101
一、英格兰银行发展金融科技的情况 …………………………… 101
二、对英国金融科技进展的评价 ………………………………… 104
三、政策启示 ……………………………………………………… 107

第九章 日本金融科技政策述评 …………………………………… 109
一、法规的修订情况 ……………………………………………… 109
二、法规的未来优化方向 ………………………………………… 112
三、启示与建议 …………………………………………………… 113

中 篇 全球系统重要性银行金融科技指数评估 2019

第十章 全球系统重要性银行金融科技能力评估研究 ………… 118
一、引言 …………………………………………………………… 118
二、G-SIBs金融科技指数评估的理论基础 ……………………… 120
三、基于层次分析法的G-SIBs金融科技指数设计 ……………… 122
四、G-SIBs金融科技指数的统计学分析 ………………………… 133
五、G-SIBs金融科技指数的观察与分析 ………………………… 134
六、结论与启示 …………………………………………………… 144

第十一章　全球系统重要性银行专利分析 …………………………………… 149
　　一、近两年专利数据整体情况 …………………………………………… 149
　　二、核心领域专利分析 …………………………………………………… 153
　　三、对中国银行业的建议 ………………………………………………… 158

第十二章　国外大型银行投资金融科技的趋势、分析与应对 …………… 161
　　一、国外大型银行投资金融科技公司的新趋势 ………………………… 161
　　二、新趋势下国外大型银行投资金融科技公司的前景分析 …………… 164
　　三、中国银行业的应对之道 ……………………………………………… 165
　　四、国家层面的建议 ……………………………………………………… 167

下　篇　金融科技创新研究

第十三章　开放银行溯源、辨析、实践与展望 …………………………… 170
　　一、开放银行发展溯源 …………………………………………………… 170
　　二、开放银行概念辨析 …………………………………………………… 173
　　三、开放银行业务实践 …………………………………………………… 174
　　四、开放银行未来展望 …………………………………………………… 177

第十四章　金融人工智能的模型可解释性研究 …………………………… 181
　　一、问题的由来 …………………………………………………………… 181
　　二、金融模型无法解释的原因 …………………………………………… 184
　　三、模型可解释性的含义 ………………………………………………… 187
　　四、遴选解决金融模型无法解释的技术手段 …………………………… 188

五、金融模型"黑箱"问题的解决方案 …………………………… 194

　　六、相关政策及建议 ………………………………………………… 195

第十五章　商业银行构建智能风控大脑的框架研究 ……………… 199

　　一、商业银行构建智能风控大脑的意义 …………………………… 199

　　二、智能风控大脑的框架思路 ……………………………………… 200

　　三、消费者侧对智能风控大脑的体验 ……………………………… 201

　　四、银行侧智能风控大脑的主要内容 ……………………………… 203

　　五、实施智能风控大脑的核心路径 ………………………………… 208

第十六章　数字货币的趋势与创新 …………………………………… 210

　　一、当前数字货币可以基本理清的问题 …………………………… 210

　　二、数字货币的新要求 ……………………………………………… 215

　　三、创新构建数字货币专有区块链语言 …………………………… 220

第十七章　区块链在供应链金融中的应用研究 ……………………… 225

　　一、相关概念 ………………………………………………………… 225

　　二、区块链在供应链金融中的应用案例 …………………………… 227

　　三、区块链在供应链金融中的三种应用模式 ……………………… 232

　　四、趋势展望 ………………………………………………………… 234

第十八章　银行业的未来：转型技术时代的挑战与机遇 …………… 236

　　　　　　——第21届日内瓦世界经济会议专题报告

　　一、研究背景 ………………………………………………………… 236

　　二、各方主要观点 …………………………………………………… 237

三、启示和建议 …………………………………………………… 242

第十九章　2019年中国金融科技趋势展望 …………………… 245

　　趋势一：知识图谱技术获得广泛应用 …………………………… 245

　　趋势二：差分隐私等新技术将被引入消费者隐私保护中 ……… 246

　　趋势三：智能助手将助力普惠金融 ……………………………… 246

　　趋势四：区块链中的联盟链逐渐"脱链" ……………………… 247

　　趋势五：5G的部署有望动摇App在金融服务形式上的强势地位 248

　　趋势六：金融智能化向中后台业务渗透 ………………………… 248

　　趋势七：金融类App呈现"走出去"与"引进来"趋势 ……… 249

　　趋势八：非零售型金融业务应用将是金融科技的蓝海 ………… 249

　　趋势九：金融机构在金融科技方面的投入比例将持续攀升 …… 250

　　趋势十：模型可解释性成为金融与监管机构关注的热点 ……… 251

　　趋势十一："沙盒"性质的监管日渐普及 ……………………… 252

　　趋势十二：监管科技与合规科技同步迅速发展 ………………… 252

　　趋势十三：金融科技行业规范渐趋形成 ………………………… 253

后　记 ……………………………………………………………… 257

上 篇

金融科技政策研究

第一章 关于当前金融科技发展若干问题的思考

大数据、人工智能、移动互联网等新一轮信息技术高速发展，正在深刻改变着金融业务模式和金融产业结构。本轮金融科技发展具有很强的共性技术变革特征，对金融业具有底层性、全局性、全产业链的影响，这与以往新兴科技在金融业中局部性、表层化、产品层面的应用有明显不同。科技型企业进入金融业面临全新机遇，但需要处理好监管合规和风险防范问题。要稳妥处理金融科技应用带来的新型垄断风险、数据安全风险和技术依赖产生的风险，在宏观稳定和金融监管框架中充分考虑金融科技发展的影响。本章从特征、影响、风险、监管等角度，系统分析本轮金融科技发展面临的七大问题。

一、本轮金融科技发展与传统金融科技的异同

（一）从本质上看，本轮金融科技主要是共性和底层技术创新

新一轮信息技术革命是驱动本轮金融科技的核心力量，它包括大

数据、云计算、人工智能、移动互联网、物联网等。这些技术属于典型的共性技术，能够在多个行业广泛应用，金融只是其中之一。大数据、云计算等技术主要起源于互联网企业，特别是在网络零售、社交通信等领域应用成熟之后，才跨界应用于金融业等传统行业。人工智能从20世纪50年代以来已历经几轮起伏，早期对其潜力的认识主要是在制造业领域①，近年来，随着劳动力成本的快速上升，人工智能在替代简单重复劳动方面的应用不断增加，这在金融等服务业尤为明显。

本轮金融科技具有较强的底层技术变革特征。大数据、云计算、人工智能、安全加密技术等在支付、银行、证券、保险等金融业各领域都有基础性应用，重构了服务渠道、数据使用、风险识别、信息系统架构等底层技术。例如，身份识别是提供任何金融服务的前提，随着人脸、声纹、虹膜识别等技术的完善，金融服务渠道将发生重大变革，很多面对面服务可能转变为远程服务，机构网点和人员数量将大量减少。

再如，数据中心是大型金融机构的关键基础设施，传统的数据中心大多是集中式、高灾备等级的系统，主要依赖进口的高端服务器、数据库和存储设备②，投资和维护成本高，自主可控能力低，系统改造升级时往往要停止服务。云计算通过分布式计算方式，通过普通小型机就能实现大规模计算能力，减少了投资成本，降低了对进口设备的依赖，在服务不间断前提下可以同步进行系统改造升级。

由于本轮金融科技具有共性和底层技术特征，它在很大程度上属于竞争前技术（pre-competitive technology）。从理论和反垄断实践上

---

① 通过人工智能的深度应用推进智能制造，是提升工业效率的关键。
② IOE：IBM的小型机、Oracle数据库、EMC存储设备。

看，在竞争前阶段，通过公共政策支持、设立产业联盟等手段促进研发创新，一般不构成合谋或垄断，因为它有利于提升行业整体效率①。因此，各国政府普遍将金融科技上升到国家战略高度，通过多种方式对其予以支持。英国政府明确提出要将伦敦发展为全球金融科技中心②，塑造良好的金融科技生态系统。目前伦敦金融科技从业人数已超过纽约、香港、新加坡等国际金融中心城市。美国、日本等发达国家将人工智能、物联网等视为新一轮产业革命的核心，积极出台研发和产业支持政策。2019年2月，美国政府发布了《美国人工智能倡议》（American AI Initiative），提出要加强产学研合作，维护美国人工智能领域的领导地位，这是美国政府首次提出国家层面的人工智能发展战略。

（二）从过程上看，本轮金融科技进展迅速、冲击强烈

金融业历来是新技术的积极应用者，长期以来已经历了多次重大技术创新。但以往的新技术应用，大多进展较慢，过程曲折。例如，1967年巴克莱银行首次推出ATM（自动柜员机），最初面临取现不便③、无法跨行服务④、客户不信任、安全性等一系列问题，直到1985年后才得以加速发展⑤。网上银行在20世纪90年代就已出现，但直至近十余年互联网普及后才快速应用。与本轮金融科技更倾向底层技术创新不同，ATM、网上银行等主要是业务和应用层面的创新。事后来看，有些曾被寄予厚望的金融科技，实际上并没有发挥太大作用。例如，20世纪70年代电视普及后，通过电视提供远程金融服务被认为是可能的创新方

---

① 而在竞争阶段，企业之间的合作可能存在共谋、操纵市场等问题，是违反竞争法律的。
② HM Treasury: UK FinTech On the cutting edge: An evaluation of the international FinTech sector.
③ 银行卡尚未普及，提取现金要用印有凹凸记号的指令牌。
④ 1985年纽约现金交易所网络成立，ATM突破了单个银行的局限，可以跨行提供服务。
⑤ 艾栗斯：《ATM的发展史：命运多舛，遭人嫌弃？》，《北京日报》2017年12月20日。

向，但由于客户信任和使用习惯等问题，效果不佳，最终被弃用①。

相比以往的金融科技变革，本轮金融科技进展更为迅速。信息系统、ATM、POS机等传统金融科技手段的普及应用用了20~30年，网上银行普及用了10~15年，而移动互联网时代很多金融科技应用仅仅3~5年就形成了成熟的商业模式，产生了巨大影响。作为本轮金融科技大发展的重要条件，互联网的大范围普及带来了巨大的用户规模、高度频繁的试错环境，这使得金融科技的发展具有小步快跑、快速迭代的特点。金融科技催生的新的商业模式很快推向市场，根据市场反馈快速调整，经过几轮迭代就能形成较为成熟的业务模式。麦肯锡研究认为，人工智能正在促进人类社会发生转变，这种转变将比工业革命发生的速度快10倍，规模大300倍，影响几乎大3000倍②。

本轮金融科技对很多传统金融服务带来了强烈冲击。目前，互联网支付、移动支付已成为和现金、银行卡并列的常用支付方式，日常支付去现金化的趋势在加强，这使得ATM等现金自助设备大幅下滑。我国银行ATM数量增速2016年首次出现下滑，2018年第四季度首次出现存量下降③。ATM生产企业近年来普遍业绩不佳，面临转型困境。2013年以来，扫码（二维码）支付快速发展，成为移动支付的主要方式，适用于大部分刷卡交易场景。二维码的普及冲击了传统POS机终端，2010—2015年POS机终端的年增速保持在45%左右，2016年降至7.5%④。

---

① 李文红、蒋则沈：《金融科技的发展与监管：一个监管者的视角》，《金融监管研究》2017年第3期，第1-13页。
② 麦肯锡研究报告《人工智能，下一个数字前沿》（Artificial Intelligence, The Next Digital Frontier）。
③ 中国人民银行《2018年支付体系运行总体情况》。2018年第四季度，ATM总量111.08万台，较上季度末减少1.77万台。1987年，ATM首次被引入中国。到1999年，全国ATM保有量约3万台，仍属于十分稀罕的设备。直到2004年市场对自助现金设备的需求才爆发。https://baijiahao.baidu.com/s?id=1607566312693137576&wfr=spider&for=pc。
④ 近年来，传统POS机厂商快速转型，推出集刷卡、扫码以及NFC非接触式支付等多功能于一体的智能POS机终端。

（三）从影响上看，本轮金融科技具有全局性和通用性影响

以往金融科技的影响大多是局部性的，主要是在产品层面或某一服务环节。对于金融企业而言，科技企业主要是辅助支撑角色，如设备采购、技术外包等。围绕金融业，产生了大量设备供应商，如信息系统建设、ATM等设备制造、银行卡芯片、加密和身份识别技术等。

对比来看，本轮金融科技具有全局性、全产业链的影响。首先，金融科技大幅度提高金融服务可得性。根据世界银行统计[①]，随着金融科技的快速普及，2011—2017年，全球有12亿人首次获得了金融或移动货币账户，无金融账户人口比例从50%降到31%。2018年，全球仍有17亿人口没有银行账户，但其中2/3的人拥有手机，利用金融科技提高金融服务可得性还有很大潜力。

其次，金融科技有效降低了金融服务成本。以小微企业和个人贷款为例，作为我国首批互联网银行，微众银行个人贷款的笔均金额不足一万元，小微企业贷款的笔均金额约几十万元，并能够保持较低的不良率和较强的盈利能力。这关键在于利用金融科技手段有效控制成本，这是传统商业银行所不具有的优势。大型商业银行由于成本高，笔均规模在几十万元的小微企业贷款业务是亏损的。按现行统计标准，对大型商业银行而言，单户授信总额为3000万元以下的贷款就归为小微企业贷款[②]。这实际上可能超出了大部分小微企业的真实融资需求，远高于微众等互联网银行的笔均贷款规模。

再次，金融科技能优化和缩短金融服务流程。人工智能改变了金

[①] 世界银行发布的全球普惠金融指数（Global Findex）。
[②] 普惠型小微企业贷款的标准是小于1000万元，也远高于互联网银行。根据中国人民银行制定的标准，自2019年起，普惠型小微企业贷款考核标准由"单户授信小于500万元"调整为"单户授信小于1000万元"。

融服务的供给方式，智能客服、远程服务快速发展，减少了大量中间环节，一些简单、重复性服务岗位逐步被机器替代，很多金融机构去人工化的趋势明显，金融业劳动密集的特征将会减弱。

最后，本轮金融科技具有高度通用性，同一类型的金融科技工具可适用于业务属性相似的多个场景。而以往的金融科技创新大多是高度专用性的，只是针对某一特定业务场景。例如，大数据在银行业可以用于识别贷款客户信用，在保险业可以精确判断投保人的风险。人工智能在证券业可以提供智能投顾服务，在银行、保险等行业可以提供智能客服。云计算不仅有利于大型金融机构，更有利于中小金融机构，因为传统的信息系统建设成本高昂，后者难以负担[①]。身份识别更是通用性技术，在支付领域出现了指纹支付等更加便利的支付方式，在银行、证券领域有力地推动了远程开户等服务的发展，在保险理赔、识别骗保中也有重要作用。

二、金融科技对金融业务的影响

（一）超出传统范畴的金融业务新形态层出不穷

在金融科技的推动下，新型金融业务层出不穷。网络信贷、第三方支付、众筹等都是近十余年来出现的金融业务新形态，其根本驱动因素都是金融科技的发展。例如，基于互联网的P2P借贷是典型的新型金融服务，最早出现在英国和美国，2005年以来涌现出Zopa、Prosper

---

① 据麦肯锡统计，大型银行中，四大银行平均科技支出为55亿~165亿元，股份制银行的投入为15亿~45亿元，城商行的投入为0.3亿~1亿元，而农商行则为400万~1200万元。从数据上看，中小银行科技投入较为薄弱，而市面上大部分互联网银行平台都是资源消耗大的系统性工程，因此，中小银行想通过自建平台转型是极为困难的事情。

和Lending Club等较为成功的模式。从本源上看，在纯粹的P2P借贷模式下，网络平台发挥信息中介的作用，利用互联网信息公开透明、传播迅速的优势，为借贷双方提供自由竞价、撮合成交的平台，并提供信用评级、法律事务等增值服务。平台收取一定的服务费，但风险仍由借贷双方承担，不转嫁到平台。它主要是分散化的小额贷款，覆盖了银行等传统中介所无法覆盖的人群，促进了普惠金融发展。

但是，正因为很多金融创新业务超出了传统范畴，导致其属性界定困难，在定位和监管上存在很大争议。例如，近年来国内P2P借贷平台风险频发，主要原因是很多P2P网络借贷平台脱离了信息中介的本质，承诺刚性兑付、非法集资、形成资金池等，在业务定位、盈利模式、风险控制等方面出现了异化。从本质上看，网络支付、P2P网络借贷、股权众筹等金融科技在金融产品和业务中的应用，并未改变支付清算、债务融资、股权融资等金融业务的基本属性。

再如，2018年10月，蚂蚁金服和信美人寿推出了大病互助产品"相互保"。区别于传统商业保险，相互保不需要用户事先支付保费，符合条件的人员可以0元加入。一旦成员患病需要领取保障金时，费用由全部参与者分摊。利用支付宝巨大的平台流量优势，相互保在41天内吸引了2000万名用户。相互保对保险产品的界定和现行保险制度体系产生了很大冲击，保险监管部门认定其涉嫌违规：未按照规定使用经备案的保险条款和费率、销售过程中存在误导性宣传、信息披露不充分，相互保最终被叫停[①]。

---

① "相互保"后改名为"相互宝"。虽然只有一字之差，但意味着不再是保险产品，只是网络平台互助计划，失去了信美人寿的保险兜底。

(二) 金融服务渠道更加扁平化、服务重心下沉

2014年以来，国内龙头互联网企业纷纷出资设立民营银行，如微众银行（腾讯）、网商银行（蚂蚁金服）、百信银行（百度）、新网银行（小米）、中关村银行（用友网络）等。与传统商业银行层层和跨区设立分支机构不同，互联网银行渠道扁平、人员精简，基本不设网点或分支机构，通过互联网渠道提供金融服务，短时间内快速覆盖大量用户。2018年底，微众银行和网商银行的资产规模分别为2200亿元和960亿元，员工分别仅有1200人和720人[1]，远远少于同等体量的传统商业银行。人员结构也大不相同，主要是研发人员，基本没有信贷员。

金融科技使金融服务下沉至传统金融机构难以覆盖的长尾客户。互联网银行普遍利用金融科技，专注于小微企业和消费贷款。微众银行的消费信贷主要服务中低收入者，这些都是传统商业银行不愿覆盖的人群。2018年末，微众银行有效客户超过1亿人，遍布全国31个省份。其中，80%的客户为大专及以下学历，76%的客户从事蓝领服务业或制造业。个人客户中，72%以上的单笔借款成本不足100元；企业客户中，约2/3属首次获得银行贷款。

2018年末，网商银行累计服务了1227万个小微企业，接近我国小微企业总数的1/6[2]。根据网商银行内部测算，大数据征信、云计算、人工智能技术模型有效降低了运营成本，每笔贷款平均运营成本仅2.3元，其中2元为技术投入，这远低于传统商业银行的笔均贷款成本。

---

[1] 微众银行员工数1200人是2017年9月数字。
[2] 2018年全国共有小微企业（含个体工商户）约9000万个。

(三)金融服务竞争强度更激烈、竞争范围扩大

金融科技显著放大了金融机构间竞争的强度。在互联网环境下，客户具有多归属性，即大多数人会同时在多个金融机构注册开户，并且在不同金融机构间的转换成本很低。例如，微信和支付宝提供了近乎同质化的支付、理财等服务，绝大部分互联网用户同时注册了微信和支付宝，在大部分支付场景下二者可以互相替代，形成了典型的双寡头竞争格局。这意味着，微信和支付宝很难滥用自身的市场支配地位，一旦某一方提高服务价格（如取现费用、管理费等），用户就会转向另一方。从理论上看，双寡头竞争可以近似达到完全竞争市场的效率标准。在这种高强度竞争下，很多金融服务的定价压得很低，接近于边际成本。

金融科技扩大了金融服务竞争的范围。金融服务的竞争从本地化走向了全国化。例如，在县域范围内，农信社的主要竞争对手原来是农行在该县的分支机构，现在变成了微信和支付宝等金融科技工具。客户储蓄时可能不再选择本地的农信社，而是选择可以提供更高利率、更快捷服务的金融创新产品（如余额宝）。区域性中小金融机构的本地信息优势在快速弱化，互联网平台通过大数据工具可以精准刻画用户画像，而在此之前，这些信息可能只有深耕本地市场的农信社才了解。从微众银行等互联网银行角度看，其个人贷款客户大部分是三、四、五线城市的人群，这恰好抢占了传统中小金融机构的客户群。

三、金融科技对金融产业结构的影响

（一）金融产业分工更加细化，经营混业化趋势增强

金融科技的深度应用推动了金融产业分工精细化，在很多细分领域形成了一批"隐形冠军"企业。金融产业各环节的专业化程度提高，纵向一体化程度减弱，很少有企业能覆盖全产业链。围绕具体金融业务，出现了一批专注于某一场景的金融科技企业。例如，身份识别是人工智能的重要应用场景，金融行业有大量的人脸识别需求，如开户、支付、取款等。国内人脸识别领域近年来涌现出商汤、旷世、云从、依图等独角兽企业。目前，云从为四大商业银行在内的全国400余家银行提供身份识别技术，平均每天提供2.16亿次人脸对比服务。依图为招商银行的远程视频柜员机（Virtual Teller Machine）提供"刷脸取现"技术，已覆盖了100多个城市的近千台机器。

金融机构混业经营的趋势在增强，产业边界趋于模糊，市场边界更难界定。混业化经营有两层含义。一是金融行业内各领域之间的混业化。商业银行设立保险、基金子公司，保险公司并购获得银行、证券牌照。同时持有银行、证券、保险等多项金融牌照的金融控股集团越来越多。平安银行、建设银行等大型金融机构专门成立了金融科技子公司，进行共性技术研发，为集团内的下属金融机构提供技术支撑。二是金融和科技之间的混业化，金融企业试图向科技企业转型，科技企业也在金融领域发力。平安集团明确提出要转型为科技企业，逐步从资本驱动型的公司转变为科技驱动型的公司。蚂蚁金服、腾讯等新兴科技企业通过各种形式持有第三方支付、银行、保险、征信等

金融牌照。从2019年起，腾讯首次将金融科技列为主要业务类别单独统计，金融科技收入已占腾讯营业收入的1/4[①]。

（二）金融机构进入退出更频繁，产业活跃程度提升

金融科技的发展使得金融业的进入门槛有所降低。金融机构的进入退出更加频繁，通过市场实现优胜劣汰的作用机制越来越强。一方面，近年来，监管部门对新型金融机构发展总体持包容审慎态度，新设立的金融机构数量不断增加；另一方面，对问题金融机构探索建立退出机制，加快推进金融供给侧改革。以民营银行为例，2014—2018年我国批准设立了17家民营银行，其中，约有5家民营银行的股东背景是互联网科技企业，主要目的是利用股东的优势条件，加强金融科技在银行业的探索应用。再如，第三方支付是重要的新型金融服务，2011—2015年中国人民银行共发放271张第三方支付牌照。随着第三方支付机构的大量进入，市场竞争日趋激烈，部分支付机构出现问题。截至2018年末，央行累计注销了33张支付牌照，剩余的第三方支付机构数量为238家。

随着金融科技的应用，金融产业活跃度明显提升。金融科技公司之间的竞争更激烈，由于很多金融业务具有较强的商业模式创新特点，一家公司的业务创新很容易被其他公司模仿。P2P网络借贷机构之所以短期内大量出现，主要原因是进入门槛低、业务模式简单、容易快速复制。微众银行、网商银行等民营互联网银行经过几年探索，逐步形成了较为成熟的业务模式，都是以消费信贷和小微贷款为主，充分利用股东的流量优势和大数据风控优势。支付宝、微信等网络平台

---

① 参考腾讯公司2019年一季报。

成为基金、理财产品销售的重要渠道，同时展示了多家金融机构的理财产品，收益率高低排序完全透明，客户能更便捷地比较不同金融产品的收益率和服务费率，这加剧了资产管理公司之间的竞争。

（三）金融机构分化趋势在增强，龙头企业优势突出

金融科技使得龙头科技企业和大型金融机构优势扩大，赢者通吃效应更强。在龙头企业的竞争压力下，中小金融机构的经营难度越来越大，金融机构分化的趋势不断增强。例如，微信和支付宝等网络平台具有巨大的流量优势，用户规模达到10亿人左右，覆盖了我国大部分劳动人口，一旦推出一款新产品，就能迅速覆盖数亿客户。余额宝在2013年首次推出，6个月内开户数就超过了4900万个，资金规模达到2500亿元。截至2018年6月末，余额宝对接的6只货币基金总规模达1.86万亿元，超过了部分大型商业银行个人活期存款的总额。再如，目前我国200余家第三方支付机构两极分化很大，只有支付宝和财付通等极少数龙头机构具有较强的竞争力，特别是2018年以来第三方支付监管趋严，"交易断直连"和备付金全部集中交存后，很多中小支付机构未来将逐渐退出[①]。

金融科技有效降低了成本，强化了规模效应，这是龙头企业优势增强的重要原因。从成本角度看，金融科技虽然前期固定成本很高[②]，但一旦形成市场优势，边际成本就会大幅下降。例如，微信在已拥有10亿名用户的前提下，为用户提供金融服务，获取新客户的

---

① 李伟：《金融科技赋能支付服务提质增效》，《金融电子化》2018年第12期，第22-25页。
② 很多互联网企业都会经历较长的"烧钱"亏损期，主要目的是通过大量投入培养用户习惯，形成规模效应。

额外成本很小。而传统商业银行主要依靠分支机构提供金融服务,获取新客户的边际成本很高,必须要新增网点和服务人员。再如,金融科技大幅降低了支付网络的建设成本。信用卡刷卡支付中,商家安装POS机的成本在千元左右;而扫码支付中,商家打印二维码近乎零成本,制作二维码塑料牌的成本只有10元左右,远低于POS机成本[①]。受益于低成本优势,移动支付可以下沉到村一级,形成了更大的规模,覆盖范围远大于POS机。

四、科技型企业进入金融业的前景

(一)本轮金融科技是科技型企业进入金融领域的重要机遇

牌照监管是金融业监管的主要方式。在本轮金融科技兴起之前,牌照是科技型企业进入金融业的主要门槛,科技型企业很难获得金融牌照。从国际经验来看,在本轮金融科技之前,科技型企业进入金融业很少有成功案例。例如,沃尔玛是美国最大的零售企业,有很强的研发能力和稳健的现金流,在供应链金融、消费信贷等领域有巨大潜力,多年来沃尔玛一直试图进入金融领域,但始终难以获得监管部门批准[②]。通用电气是美国产融结合的重要案例,但也主要是围绕主业开展融资租赁等有限的金融活动,不能开设银行或支付账户[③]。2015年通用电气宣布将剥离通用金融(GE Capital)的大部分金融业务,结束多

---

① 王晓:《被二维码碾压的ATM与POS机怎么样了》,《21世纪经济报道》2018年8月1日第11版。
② 沃尔玛曾数次努力试图开设银行:1999年沃尔玛收购了俄克拉荷马州联邦中心银行(Federal Bank Centre);2016年沃尔玛申请了银行执照,试图在犹他州创立实业贷款公司。最终立法者与银行集团阻止了沃尔玛进一步进军银行业的举动,并禁止商业企业获取实业贷款企业执照(ILC licenses)。
③ 张春:《中国金融科技发展的模式、机遇和挑战》,《证券时报》2018年9月4日第A002版。

元化发展,更加专注于制造业。

本轮金融科技为科技型企业进入金融业提供了重要机遇。金融科技扩展了金融业务的边界,促进了分工的细化,催生了一批新型金融服务。在这些新型金融服务纳入监管范围之前,一批科技型企业抓住机会进入金融领域,并实现了快速发展。例如,第三方支付是应对我国社会诚信环境不足的巨大创新。支付宝等第三方支付工具早在2004年就已出现,但中国人民银行直到2010年才制定了《非金融机构支付服务管理办法》,发放第三方支付牌照,逐步将其纳入监管。总体来看,近十余年来,特别是2016年强化互联网金融整顿之前,第三方支付高速发展,先后推出了快捷支付、余额宝等变革性产品。再如,微信红包是引爆我国移动支付发展的重要创新,2014年初腾讯首次推出微信红包时,这是前所未有的新型金融服务,它有力地推进了日常生活的去现金化进程。

大型科技企业进入金融领域主要有以下优势。一是用户规模优势。互联网企业普遍拥有规模庞大、高度黏性的用户群体,从活跃用户数量来看,脸书、微信、支付宝、亚马逊分别有22亿、10亿、8.7亿和3.1亿个用户。这些科技型企业跨界提供金融服务,具有天然优势,借助已有的客户基础可以迅速达到可持续的规模。二是技术优势。在很多细分场景,金融机构存在大量的科技需求,而金融机构本身技术能力达不到,需要科技企业的专业能力。三是成本优势。科技企业的获客成本和服务成本更低。例如,智能投顾提供自动化、算法驱动的投资建议[1],管理费率更低[2],对最低资产规模的要求少。

---

[1] 路易斯·万斯勒、彼得·诺兰、特伦斯·罗杰斯:《科技巨头会否成为金融企业》,《中国经济报告》2018年第1期,第91—92页。

[2] 智能投顾通常按管理资产的0.25%收费,而大多数投资顾问按1%收费。

（二）科技企业和金融企业互为补充融合发展的趋势在增强

科技企业和金融企业存在很强的互补性。科技企业和金融企业都掌握了一定的大数据资源，但二者特点不同，差异化明显。互联网等科技企业的大数据主要来源于电商购物、社交行为、好友关系、日常小额支付等，优势是维度多、更新快、覆盖范围广，但劣势是价值密度低、金融属性弱、可替代性强，单独依靠上述数据不足以支撑金融风控需求。传统金融机构和政府部门掌握的大数据包括征信记录、纳税情况、法律诉讼、信贷历史、大额资金流水等，优势是价值密度高、金融属性强、难以被替代，但劣势是维度少、更新慢、覆盖范围有限，数据使用门槛高。虽然互联网大数据在金融中的应用高度活跃，但它难以完全替代传统金融大数据，二者更多是互补的关系。

近年来，跨界进入金融业的科技企业不断增加，科技企业和金融企业融合发展是大势所趋。国际上，亚马逊跨界开展金融业务，向其平台上的卖家发放短期商业贷款，2011—2017年"亚马逊借贷"（Amazon Lending）项目累积向小企业提供的贷款仅约30亿美元[①]。在国内，蚂蚁金服从淘宝的支付业务开始，快速扩张版图，目前业务范围已涵盖大部分金融领域。腾讯从微信支付开始，金融业务也在快速发展。一些传统金融机构积极拥抱金融科技，与新兴科技企业开展合作。例如，中信银行与百度共同出资设立百信银行，前者控制70%股权；中信银行提供金融专业能力和流动性支持，百度提供系统开发、场景与数据利用技术。与网商、微众银行的纯民营色彩不同，百信银行是国有银行控股、科技企业深度参与的新型金融机构。

---

① "Amazon lent \$1 billion to merchants to boost sales"，https://www.reuters.com/article/us-amazon-com-loans-idUSKBN18Z0DY.

(三)监管合规、风险防控是科技型企业进入金融业的挑战

科技企业进入金融业面临的首要挑战是能否适应金融的思维方式和监管模式。从思维方式上看,科技思维首先是创新、提高效率,这要求不设限制、大胆探索。金融思维首先是稳定、防控风险,这要求审慎展业,开展任何新业务都要首先检查是否符合现有规定。从监管模式上看,金融业采取牌照管理,监管前置,非准即禁;科技企业则限制很少,非禁即准,进入退出高度自由,由市场优胜劣汰。

科技型企业进入金融业,会面临很高的监管合规成本。设立金融机构对股东、注册资本等都有严格要求。例如,从我国首批发起设立的民营银行情况来看,很多发起股东是科技型企业,虽然没有明文规定,但大致标准是大股东净资产不低于100亿元,实际控制人净资产不低于50亿元,注册资本最低为20亿元。相反,科技企业的创业门槛远低于设立金融机构,基本没有对注册资本、股东资产的要求。

在合规成本较高的情况下,国际上很多科技企业即使实际开展了类金融的业务,但往往避免直接设立金融机构。亚马逊已涉足支付、现金、信用卡、小型企业借贷与消费信贷领域,但对直接申请或并购银行牌照一直保持谨慎,主要原因是银行业监管成本高昂。对亚马逊而言,提供金融服务只是手段,而不是目的。提供支付和信用卡等金融服务的目的是让消费者更便捷地购买商品,向入驻商家提供贷款的目的是完善电子商务生态[①]。亚马逊坚持将主业放在电子商务,其主要竞争对手是其他零售企业,而不是金融机构。

虽然从市场角度看,一些金融创新产品能够大幅提升效率,但

---

① "Why Amazon won't buy a bank in 2018?", https://tearsheet.co/modern-banking-experience/why-amazon-wont-buy-a-bank-in-2018/https://www.weiyangx.com/272712.html.

从监管角度看可能漏洞较多，潜在风险很大，难以长期持续。例如，第三方支付沉淀资金可能带来备付金挪用、洗钱等问题，存在较多隐患。2018年以来，银行断直连、备付金全额上缴对于规范第三方支付行为、保障支付体系安全有重要意义，但这对支付机构的盈利带来了很大冲击。再如，相互保虽然看似高效便捷，但也有较多隐患：加入者存在逆向选择问题，分担的赔付金额不确定等。这些问题短期内尚未暴露，但长期来看不可避免会加剧风险。

五、金融科技应用的风险

（一）平台垄断风险

平台垄断风险是金融科技应用可能产生的新型风险。网络平台已成为数字经济时代的战略性基础设施。很多具有成熟盈利模式的金融科技公司，都有较强的平台经济特征。例如，微信支付大范围普及的关键原因是用户对微信社交平台的高度黏性。平台垄断产生的根源在于，网络平台有明显的边际成本递减和网络外部性特征。边际成本递减意味着给定平台企业的技术研发成本，新增一个用户需要付出的额外成本很低。网络外部性意味着，一个人的朋友中使用微信的人越多，微信就对其越便捷，其社交网络被锁定在了微信平台。这会推动用户进一步向最大的平台集中，平台盈利能力指数级增长，规模收益递增效应持续增强。

随着金融科技的深度应用，未来金融业中大而不倒、赢者通吃的现象可能会比以往更加突出。从企业规模角度看，行业第一的规模和盈利能力远高于其他企业，并具有很强的市场支配能力，对其潜在的负面影响要有清醒认识。微信和支付宝两大平台集中了我国移动支付市场90%以上的份额①。金融科技使得大企业触角下沉，侵蚀一些区域性中小金融机构的市场空间，中小金融机构的优势减弱。传统金融机构由于面临强监管，在滥用市场支配地位、消费者权益保护方面十分谨慎。而对于新兴金融科技企业，由于监管难以及时跟进、监管能力不足，其垄断的后果可能会更加严重。要警惕和防止网络平台滥用垄断力量，加强对网络平台的行为监管。

金融科技带来的平台垄断，可能会提高系统性风险发生的概率。金融科技使得金融业务突破了地域和行业限制，属地化监管的作用弱化。对传统金融机构跨区设立机构、开展业务的监管，在金融科技工具下可能难以发挥作用。例如，P2P平台的投资者来自全国各地，近年来出现的多起P2P平台跑路事件中，大部分投资者是异地追债，不利于社会稳定。金融科技具有极度渗透性和瞬时爆发性②，跨区域、跨行业关联的金融服务关系越来越多，这加快了风险传染和蔓延的速度。一旦风险暴露，可能在短时间内迅速演变为大规模风险，波及多个领域，为事中事后处理带来重重困难。

对于平台垄断的监管，存在一些新的难点。网络平台的反垄断监管的重点是反对其基于市场支配力量的不正当竞争行为，而非反对垄断地位。行业龙头市场份额高、市场支配能力强，是由金融科技的技术特性决定的，只要产业发展到一定阶段都会出现这种情况，这难以改变。在这种情况下，一些传统的监管手段，在数字经济时代无法适

---

① 参考易观数据发布的《2018年第三方移动支付发展报告》。
② 王立国、许爱萍：《技术创新视角下网络金融风险的特点及合作监控模式构建》，《南京社会科学》2014年第1期，第214–215页。

用。例如，拆分是传统产业反垄断监管的重要方式，按照区域或产业链环节拆分成多个市场主体，可以促进竞争或互为参照。2002年我国电改将电网拆分为国家电网和南方电网，美国政府20世纪将AT&T拆分为多个区域性通信公司，并分别从事市话、长话等不同业务。但是，互联网不受地理限制，网络平台难以拆分。因此，很多体制变革手段难以用于平台监管，更有效的措施是加强监管能力建设，细化监管规则，强化事中和事后监管。

（二）数据保护和隐私泄露风险

在目前的典型金融科技手段中，大数据和云计算是相对成熟、应用较为普及的工具。大数据广泛应用带来的直接风险是数据安全和隐私保护问题。云计算则面临分布式计算的开放性和金融数据的高度保密性之间的矛盾。这些都是金融科技应用带来的新风险。

近年来，大数据的商业价值日益凸显，成为一种新形式的战略资源。网络平台掌握了多维度、精细化、快速更新的各类信息，由此形成的大数据资源成为其核心优势，并衍生出一系列有活力的商业模式创新。例如，网络支付、手机银行等掌握了用户的资金账户、支付流水、银行卡号、身份证号码、电话号码、消费习惯、家庭地址、工作地址等重要信息。事实上，对个人而言，私人信息完全暴露于网络上。如果金融科技企业内部没有良好的风险控制措施，很容易出现数据泄露或使用不当。拥有大量数据的网络平台，往往成为黑客的攻击目标，数据泄露风险更大。

由于数据使用规则不明确、监管不到位，部分网络平台有数据过度收集和滥用的倾向，这将带来巨大的负面影响。例如，2014年，某在线旅行网站过度收集数据，违规存储用户信用卡的CVV码等敏感信息。现有监管标准明确要求，收单机构、特约商户等不得以任何形式存储银行卡敏感信息。一旦信用卡号和CVV码同时泄露，盗刷风险会大大提高。

用户对个人信息泄露的担忧明显增强。目前国内网络平台追踪个人信息并开展精准营销的做法十分普遍。随着算法的进步，网络平台个性化推送的精准度越来越高，经常使人产生个人信息泄露或被不当使用的强烈担忧。根据相关调查，近年来因网络留痕而担心隐私泄露或财产损失的用户比例明显上升。

数据保护问题不仅发生在平台和用户之间，也发生在平台和平台之间。由于数据具有非排他性和非竞争性，可以低成本快速复制，与传统的有形资产不同，数据资产的保护更加困难。平台之间基于数据使用的不正当竞争现象频出，取证难度大，行为界定难，对行业格局的影响突出。从动态角度看，应充分认识到大数据的财产属性，一个网络平台数以亿计的用户规模和大数据资源，是前期付出了大量成本、经过激烈市场竞争后的结果。如果新进入者可以通过不正当方式获取在位者数据，将不利于激励行业持续创新。

我国现行法律法规对数据使用的规定较为原则化，缺乏针对具体行业或领域的标准。据不完全统计，目前全球近90个国家已制定了个人信息保护法。我国尚未制定全面统一的数据保护法律，涉及数据使用的内容分散在一些专门法中，监管和法律诉讼缺乏依据。《网络安全法》要求网络运营者收集使用个人信息，应当遵循合法、正当、必要的原则，公开收集使用规则，明示收集使用信息的目的、方式和范围，并经被收集者同意。但现实中，"合法、正当、必要"的边界难以清晰界定，使用规则无法事先穷举全部事项。例如，哪些数据字段不能收集、哪些要用后即弃、信息存储如何确保安全等，对大部分互联网领域，上述问题仍是灰色地带，亟须制定有针对性和可操作性的标准。此外，网络实名制等监管要求也是平台过度收集个人身份信息的原因之一，但对平台如何存储使用个人信息缺乏规范。

（三）过度依赖技术产生的金融风险

人工智能可能加剧市场顺周期波动。人工智能在金融市场的广泛应用，可能强化市场共振，加剧市场波动风险。人工智能通过规则和算法来模拟人类自然智能，它能处理显性信息，但无法准确掌握市场情绪、人性、预期等隐性心理因素的变化，而后者在金融市场中起着重要作用。金融市场交易活跃的根本原因是交易者对价值有不同认知，交易者存在异质性。随着人工智能的普及应用，它在提升金融服务效率的同时，金融市场参与者的行为更易趋同，从而放大金融市场波动。如果过度依赖人工智能的深度学习和自我改进，最终可能收敛到所有交易者都做出相似的价值判断，带来市场交易收敛、资产价格顺周期波动加剧的风险。

大数据工具在风险控制中的作用可能低于预期。利用大数据增强小微和个人信贷的风险定价能力，是金融科技应用的典型场景。但很多大数据的价值密度低，在控制信贷风险中的作用可能有限。例如，网商银行为淘宝平台商户提供小微贷款，主要依靠商户的交易、支付、物流等"软信息"判断风险。但是，对于识别用户风险而言，抵押物、收入水平、贷款违约等征信记录是"硬信息"，它们可能比互联网大数据更有效。互联网大数据在风险控制中能够起到补充作用，但无法替代征信数据。

金融科技服务的客户群体平均风险水平更高。金融科技使金融服务下沉至传统金融机构之前覆盖不到的长尾客户。但总体来看，这些客户收入水平偏低，风险识别和承受能力较弱，是传统金融机构不愿提供服务的相对次级客户，这加大了风险管理的难度。无法获得传统金融服务的用户可以分为两类：第一类是实际风险低但金融机构无法识别的客户；第二类是实际风险高的客户。传统金融机构由于信息不对称，无法区分这两类客户，所以对二者都拒之门外。金融科技企业利用大数据手段，能够在一定程度上识别出第一类客户，并向其提供金融服务。但实际上，两类用户的边界很难清晰划分，在经济形势不好时，第一类客户也可能转化为第二类客户。例如，根据2018年年报，网商银行的不良贷款率明显提高，一个重要原因是网商银行主要是针对淘宝平台商户的经营性贷款，在经济下行压力加大的情况下，小微企业总体的风险敞口更大。

机构退出风险扩大。随着金融产业活跃度的提升，金融机构退出将更加频繁，并带来风险处置、机构接管、消费者权益保护等一系列相关问题。金融科技促进了金融企业、科技企业和产业生态内相关企业的融合，金融机构之间的关联性和金融体系总体的复杂性提高，进而产生金融业务、技术、数据等多重风险。不同企业之间的风险扩散更快，容易形成"多米诺骨牌效应"，增加了风险防控难度[1]。此外，金融科技促进了分工深化，这可能带来过度依赖第三方、算法黑箱、责任主体不清等新型风险隐患，提升了金融科技风险的复杂程度。

---

[1] 李东荣：《建立五位一体多层次金融科技治理体系》，中国金融四十人论坛（CF40）发言。

六、金融科技对宏观稳定的影响

（一）部分宏观经济指标可能需要适应性调整

随着金融科技的应用，宏观调控所依赖的一些传统指标可能需要调整，或需要对其内涵重新理解认识。金融科技创新和随之而来的监管措施，可能会对基础货币、货币流通速度、利率、央行资产负债结构等宏观经济指标产生影响。

移动支付可能会改变基础货币的数量、结构和流通速度。相比于现金支付，移动支付交易便捷、成本更低，这可能会替代流通中的现金（即M0），日常支付去现金化已成为明显趋势。从理论上看，基础货币是流通于银行体系之外被社会公众持有的现金与商业银行体系持有的存款准备金的总和。移动支付可能会通过影响社会公众持有的现金数量，进而改变基础货币的结构。在移动支付条件下，货币流通速度更容易监测统计，可以通过电子记录实时掌握货币流通情况。而在现金流通条件下，货币流通速度是无法直接观测的，只能根据货币数量间接推算。移动支付还可能改变货币乘数，影响广义货币供应量（M2）。移动支付会提高支付清算需求，银行需要保有更高的超额准备金，第三方支付机构备付金要全额上缴央行，以备支付之需，这会对货币乘数带来影响[①]。

针对金融科技出台的一些监管新规，可能直接改变央行资产负债表等基础信息，进而影响货币政策传导机制。2017年6月，中国人民银

[①] 曾刚、栾稀：《移动支付会影响货币政策传导吗？》，《21世纪经济报道》2019年1月25日第04版；刘生福：《数字化支付对货币政策的影响、综述与展望》，《经济学家》2018年7月刊。

行专门调整资产负债表,在资产方的"储备货币"项下新增了"非金融机构存款"栏目,这对应支付机构交存中国人民银行的客户备付金存款①。"非金融机构存款"的源头是第三方支付机构的沉淀资金。根据央行监管要求,从2017年6月起,第三方支付机构备付金要陆续上缴央行,此后备付金规模急剧扩大,从2017年7月的901.4亿元猛增至2018年12月的16299.8亿元。第三方支付机构的备付金在上缴之前属于基础货币,但上缴央行后则失去了流动性,与商业银行上缴的存款准备金相似。上缴备付金相当于减少了货币发行数量,会产生货币政策收缩的效果。

(二)信息快速传播和放大,预期引导更加困难

移动互联网具有信息传播快、影响范围广的特点。很多金融科技企业利用互联网来提供金融服务,其风险特征与传统金融机构有明显不同。从客户角度来看,金融科技企业的风险远高于传统金融机构。传统金融机构大多有国有背景,由政府信用背书,有助于维护市场信心。很多金融科技企业股东背景复杂、技术透明度不高、模式多元化,客户对其运作模式、资金流向、信用状况等信息了解不足。负面信息一旦出现,就容易快速传播和放大。与此同时,在很多情况下,信息真伪难以辨识,这会对公众行为产生巨大影响,加剧"羊群效应"等非理性行为。一些P2P网贷平台可能本来能够正常运营,但最终却倒于负面信息传播导致的用户挤兑。

信息快速传播导致市场预期不稳定,这加大了宏观调控的难度。市场预期的引导和管理是宏观调控的重要工具。信息是市场预期形成

---

① 《央行出手将第三方支付备付金纳入监管》,http://mt.sohu.com/20170822/n507854510.shtml。

和调整的基础，新信息会通过预期渠道影响市场主体的行为。金融市场具有高频交易特征，预期对金融市场波动的影响尤为明显。在完全有效市场假设下，任何信息都会快速反映为交易价格的变化。预期往往具有自我强化的特征，金融科技的发展进一步加强了预期的自我实现。例如，人工智能的广泛应用，会加强金融交易的自动化程度和一致行动程度，一旦出现某些信息就自动触发交易。信息传播导致的预期变化，在人工智能交易下会快速体现为交易价格的调整。

（三）市场波动幅度可能加大，风险传染更迅速

金融科技可能加剧金融市场的高频波动和风险传染，造成风险的低估和资产定价的有偏。随着金融科技的应用，风险在各金融领域之间扩散速度加快，风险传导机制更加复杂隐蔽，相互交叉传染和反馈效应更突出，风险外溢性更加明显。智能投顾是金融科技在投资领域的重要应用，但运用智能化系统为客户提供标准化的投资建议，如果采用相似的偏好判断标准、风险度量指标和市场交易策略，很可能导致市场出现统买统卖、超涨超跌，加剧同频共振现象，这可能带来系统性风险[①]。

场外配资是2015年我国股市大幅波动的重要原因，恒生网络的配资分仓信息系统（HOMS）是场外配资的重要工具，它将一个证券账户下的资金分配成若干独立子账户进行交易和核算，形成伞形分仓系统，主账户对子账户可以进行实时监控和平仓。股灾之前，恒生电子被认为是典型的金融科技公司，因为HOMS系统大大提高了配资效率和风控能力，快速聚集了大量客户。但是，在股市上涨期间，场外配

[①] 殷怡：《金融科技潜在风险加剧，科技推动监管创新》，《第一财经日报》2017年6月22日第A03版。

资增加了股市的资金供给，扩大了上涨幅度，但股市下跌时的强制平仓也加剧了股市下跌，这成为2015年股灾的直接原因。根据证监会数据，通过HOMS系统接入证券公司的客户资产规模约4400亿元，平均杠杆倍数约为3倍，子账户数在2015年5月24日高峰时达到37万户。2015年7月，证监会认定利用HOMS配资存在违规和风险隐患，并最终对恒生网络作出处罚决定。

七、金融科技对金融监管的影响

（一）金融监管的范围扩大、难度增加

金融科技快速发展，金融监管范围不仅包括传统的持牌金融机构，也包括大量新型金融机构和业态，这给监管带来了较大压力。金融科技催生的新型金融业态高度活跃，有些已被纳入监管范围，采取牌照或备案制监管，有些还处于自然发展状态。据不完全统计，我国需要审批和备案的金融业务资质有三十多种，除了银行、证券、保险、基金等传统金融牌照外，与金融科技密切相关的牌照有十多种，包括民营银行牌照、互联网保险牌照、第三方支付牌照、消费金融牌照、互联网基金及销售牌照、互联网信托牌照、互联网小额贷款牌照、股权众筹牌照、互联网证券牌照、个人征信牌照等。

金融与科技的深度融合加大了金融监管的难度。金融科技类别众多，不同类别的金融科技的成熟程度和潜在影响不同，很多金融科技创新具有跨业务、跨机构通用的特点，成熟的监管框架尚未形成，监管的有效性和及时性不足，监管套利现象较多。跨国来看，各国对具

体金融科技类别的监管存在较大差异，欧美发达国家对金融科技的监管相对更加严格。金融科技导致风险防范难度加大，在去中心化和金融脱媒的趋势下，很多未被严格监管、内控和风险管理能力不足的科技企业进入金融行业，一些金融交易活动脱离了现有的金融基础设施体系，这些问题加剧了金融监管部门面临的困难。

金融监管涉及的跨层级、跨部门事务大量增加，协调难度加大。互联网业务的跨地域特征，对现行的以属地化为主的监管提出了挑战。虽然我国金融监管主要采取垂直管理体制，但监管重心主要在中央和省级，市、县级金融监管力量十分薄弱，出现金融风险时应对能力较为有限。

（二）从机构监管转向功能和行为监管

金融科技对传统的金融监管思路和监管体系提出了新的挑战。传统金融监管主要采取机构监管的思路。但是，随着金融科技的广泛应用，金融业的市场主体不断增加，除了传统金融机构，还包括大量互联网企业以及为金融机构提供技术和产品服务的金融科技公司。这些互联网和金融科技企业在数据、渠道、账户和基础设施等方面与传统金融机构密切相关，金融属性和科技属性的边界难以清晰界定。如果只监管传统金融机构，而忽视与其密切相关的互联网和金融科技企业，无疑会产生很大的监管空白。

机构监管也难以适应金融经营混业化的新形势。随着混业化经营趋势的增强，跨行业、跨市场的金融产品更加丰富，一家金融机构可能事实上参与多种类型的金融业务。很多金融产品层层嵌套，通过多个通道交易流转，底层资产和最终投资者难以准确认定，分业监管的有效性进一步弱化。在这种情况下，穿透式监管可能是金融科技监管的有益思路，按照实质重于形式的原则，根据金融业务的功能实质进行监管。

在功能和行为监管思路下，应根据金融的业务属性进行归口监管。无论是否是金融机构、是否持有金融牌照，只要业务本质符合金融活动特征，就应纳入监管范围。对于从事相同金融业务的机构，监管的政策取向、业务规则和标准应该大体一致，避免因机构差异而适用不同的监管标准，引起监管套利[1]。例如，根据各国共识，市场主体不论采用何种技术形式和渠道开展业务，只要存在募集公众资金、公开发行证券、从事资产管理和债权拆分转让等行为，就应遵循严格的准入标准和监管要求，并判断其是否应当申领相应的牌照并接受监管[2]。

（三）以监管科技提升监管能力更为迫切

金融科技的发展缩短了金融创新的周期，这对监管的及时性和有效性提出了更高的要求。现行金融监管能力不足，难以适应金融科技快速发展的新形势。金融监管部门人员力量和技术能力有限，难以实现对金融科技的有效监管。监管科技有助于增加监管手段、提升监管效率、降低监管压力，是维护金融体系的安全稳定、防范系统性金融风险以及保护金融消费者权益的重要途径[3]。2017年6月，中国人民银行印发《中国金融业信息技术"十三五"发展规划》，明确提出要加

---

[1] 潘功胜：《互联网金融潜在风险大 需穿透式严监管》，2018年12月8日第二届中国互联网金融论坛。
[2] 李文红、蒋则沈：《金融科技的发展与监管：一个监管者的视角》，《金融监管研究》2017年第3期，第1—13页。
[3] 孙国峰：《发展监管科技构筑金融新生态》，《清华金融评论》2018年3月刊。

强监管科技的研究与应用。

  未来应加强运用大数据、云计算、人工智能等新技术在监管中的应用。加快建设监管技术平台，完善互联网金融风险监测预警机制。研究制定金融机构和监管部门之间的数据共享管理办法。推进金融监测基础设施建设，建立集中统一的产品登记和信息披露平台。借助科技手段扩大金融监管的覆盖面，提升监管效率和监管智能化水平，切实加强监管能力。

第二章 我国信息产业链视角下的金融韧性研究

现代金融业务开展和金融体系正常运行高度依赖于信息产业，信息产业既影响金融效率，更关乎经济金融韧性（financial resilience）。2019年5月17日，日内瓦世界经济论坛以"银行业的未来"为主题对"云"的概念进行了再认识，其主要观点是：在金融行业中，一旦某个关键软硬件出现问题，整个金融服务就会受到影响，给金融韧性带来挑战，直接影响到金融稳定性。该观点倡导一家银行以云服务形式引入多家IT提供商，在某一IT提供商的服务出现中断时，相关金融业务可以迅速切换至其他IT提供商，保持业务的连续性和稳定性。由此可见，金融韧性与信息产业链的关系亟待深入研究。

一、我国金融对信息产业链的依赖程度

金融信息产业链由金融业运行所需要的IT软硬件，以及相关各类设备和软件的产业链构成（见图1）。现代金融业务正常开展所依赖

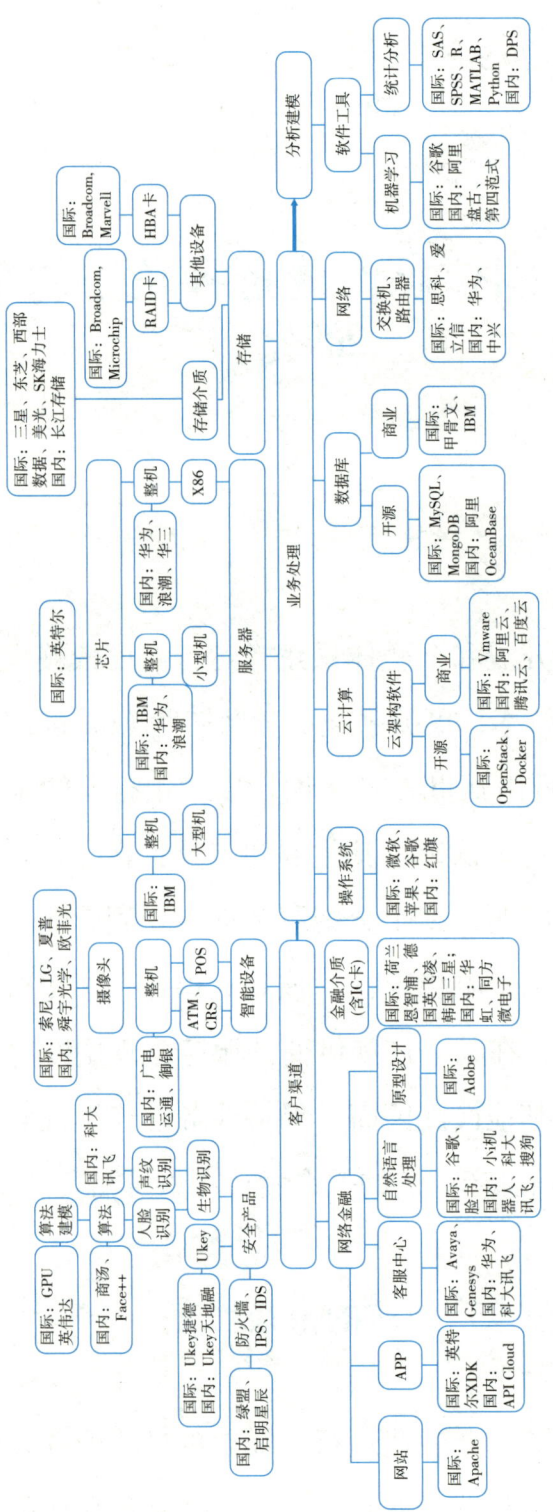

图1 金融信息产业链图谱

注：本图省略了部分交叉关系（如智能设备ATM含有操作系统、存储和网络设备，业务处理设备的使用也包含安全产品）。

的主要金融IT软硬件，从金融角度划分可分为业务处理设备、服务客户类设备和分析建模软件三类，技术上通过服务器、数据库、存储设备、网络设备等实现。

具体而言，业务处理设备是确保金融业务正常运行的核心金融IT软硬件，包括服务器、数据库、存储设备、网络设备、操作系统、云计算软件等六类设备或软件。服务器有大型机、小型机和PC服务器（主要是X86服务器）三个类别，相互之间有一定的替代性。存储设备包括介质设备和其他存储设备，两者都不可或缺。数据库和云计算软件包括免费开源软件和收费商业软件，两者有替代性。网络设备主要包括路由器和交换机，均不可或缺。服务客户类设备是老百姓体验最直观的部分，包括安全产品、智能设备、网络金融、金融介质等。分析建模软件是决定未来金融科技竞争力的关键，主要包括机器学习和统计分析两类。

二、对我国金融信息产业链安全性的基本判断

我国金融信息行业的国产品牌化率不低，但关键零部件自主可控性低，存在诸多卡脖子技术。

一是在服务器、数据库和存储设备领域等我国金融信息产业短板环节，去IOE化取得积极进展。服务器方面，虽然IBM仍垄断大型机市场并主导小型机市场，但浪潮、华为等供应商已能参与小型机市场竞争，PC服务器更是由浪潮、华为、曙光、联想等国内厂商主导。考虑到当前服务器相关应用由大型机和小型机向PC服务器转移的趋势，预期国产品牌化率将进一步提高。数据库方面，虽然Oracle仍占

主导，但国产分布式数据库阿里OceanBase已开始在中小型银行和非银行金融机构使用。存储介质设备方面，虽然美国EMC、韩国三星、日本东芝等国外厂商仍占主导地位，但华为、浪潮等国内厂商已有一定竞争力。

二是其他设备国产化率或国产品牌替代能力保持在较高水平。网络设备主要供应商包括美国思科、瑞典爱立信、中国华为、中国中兴等。操作系统主要供应商为微软、谷歌、苹果和国内厂商红旗等。云计算所需软件方面，免费开源软件供应商主要有美国OpenStack和Docker，收费商业软件主要有美国VMware以及阿里云、腾讯云等。安全产品已基本实现国产化，国外供应商的存在主要是为了增强安全防范的多样性和多层次性。智能设备整机基本由广电运通、御银等国内厂商供应。网络金融设备、金融介质（如IC卡）由国内外厂商共同供货。机器学习软件主要有谷歌的TensorFlow，以及国内的阿里和第四范式。统计分析软件主要有商业化的SAS和SPSS，以及荷兰的Python和新西兰的R等免费开源软件，国内DPS也占有少量份额。

三是关键零部件和不少设备对单一国家依赖度仍然很高，存在事实上的外国公司和外国标准垄断。大量关键零部件和基础软件国产化率为0，单一国家供应商垄断率高达100%。这与我国信息行业的对外依赖情况大体一致。服务器方面，几乎所有服务器芯片都由美国英特尔及AMD公司供货。存储设备零部件方面，虽然内存、固态硬盘、网卡、GPU和固件已有国内供应商，但核心零部件HBA卡由美国Broadcom和Marvell公司垄断，RAID卡和SAS控制器由美国Broadcom和Microchip公司垄断。除办公类操作系统外，其他操作系统几乎全部是美国厂商提供。安全产品方面，以人脸识别为代表的金融级应用，建模过程中高度依赖的高性能GPU，基本都由美国英伟达供货。智能设备方面，控制整机用的操作系统基本依赖微软Windows。网络金融方面，网站制作软件几乎被美国免费开源Web服务器软件Apache所垄断，原型（Prototype）设计主要使用的是美国上市公司Adobe软件。

金融核心业务处理系统高度依赖国际设备供应商，部分关键环节的供应商和标准存在事实上的垄断。比如，即便是浪潮、华为等国产厂商能够提供X86服务器，但国产通用型芯片的服务器整机尚未在金融领域应用，而国产图形处理芯片（GPU）的服务器整机更是尚处于研发阶段。国际标准化、联盟、协会、开源社区、组织基本被单一国家主导。比如，著名的Apache基金会就是由几个主要厂商和政府研究机构联盟投资设立，通过开设开源社区、发布免费开源代码、在线培训新手、解决应用问题、资助新研发和论文发表，无形中将自己树立为行业标准，由于影响广泛，各主要协会也会经常召开相关专题会议。云管理软件无论是商业收费的还是开源免费的，都是国外的，在所有性价比最优的市场条件下，都已经存在事实上的垄断。此外，垄断企业设置较高的技术门槛和隐性门槛，导致国内厂商难以进入，即便进入也难以与其进行公平竞争。比如，一些国外大公司往往在新版本中不考虑对国产器件提供兼容，甚至干脆对国内厂商不公布技术协议，如SAN交换机，使与之衔接的HBA卡根本无法国产。

三、困难和制约因素

金融信息产业具有规模效益和迭代试错机制，容易产生赢者通吃的现象。加上金融行业对业务连续性和服务稳定性要求极高，使得审慎稳定成为金融机构选用金融IT软硬件的基本原则。金融IT软硬件从"完全依赖"转向"安全可控"存在较多困难和制约因素。

一是招标采购制度限制了国产化金融IT软硬件的应用场景和试错迭代机会。国有金融机构受财政部有关采购规定约束，多将价格权重设为30%，最终绝大部分为最低价中标。这既导致国内厂商恶性压价，没有足够利润投入研发和运营维护，形成恶性循环，也容易导致赢者通吃，使得金融IT软硬件采购集中度和依赖度高。同时，现有招标规定对于联合开发类项目并没有特殊政策，也限制了金融机构与金融IT软硬件提供商的联合开发。

二是金融监管对信息技术安全监管过严。金融系统停机超过一定时间和范围，就要向监管部门报告并接受处罚，处罚形式包含对责任人的追究。国产金融信息产业起步晚、起点低，产品稳定性必然相对较差，在市场竞争中本已处于劣势，过严的IT监管进一步扼杀了金融机构尝试国产设备的意愿，导致竞争环境更加不公平。

三是联合开发享受加计扣除政策不清晰。我国税收加计扣除采取先享受税收优惠，后由专业部门判定是否属于技术创新。一旦联合开发不被确认为技术创新，就会被税务部门认定为税收欺诈，承担高额的税收惩罚。这种做法看起来简化了流程，但实际上对于金融机构而言不确定性更大，甚至因可能要承担法律责任而不愿意尝试，在国有体制背景下反而限制了税收优惠政策的效果。

四是兼容性测试和迁移成本较高。为了测试新的技术路线、设备和软件，金融机构需要进行长时间高强度的兼容性测试，成本巨大。由于现有金融机构已按照一定的技术路线购置了大量设备和软件，并配备了相关技术人员，一旦要迁移到新的技术路线，不但存在兼容性和稳定性风险，还需要付出高昂的人员、资金和时间成本。

五是国产品牌各自为战，尚未形成生态圈。国际上安卓、Apache等软件，SAN交换机和SAS控制器等硬件，均已形成成熟稳定的生态圈，但国内厂商倾向于开发全产业链产品，几乎没有自己牵头的软硬件生态圈。加之国产核心器件性能和兼容性不足，国产核心器件的供应链条要么难以形成，要么成本高、效率低。

四、政策建议

近期中美经贸摩擦升级特别是华为事件的发生，引发了各界高度关注，更加注重金融IT软硬件的安全可控。事实上我国市场规模大，金融信息行业体量已达千亿级规模，具备形成行业生态或内部良性循环的条件。华为、浪潮、阿里等一批企业也已成为具有一定技术实力的金融信息行业的系统集成商，初步具有整合产业链、提升产业链水平的能力。

我国宜充分利用现有基础，针对制约因素，在保证我国金融IT软硬件稳健性的同时，进一步提高其开放性。国产化不是目的，目的是防止垄断，使金融供给多样化，以政府、行业协会、头部企业为主体，破除现有不公平的竞争因素，合理提升金融关键IT设备及软件供应的多样性，增强极端情况下的金融韧性。一是以改革招投标制度和金融监管为重点，营造推动金融IT软硬件安全可控和公平竞争的制度环境；二是完善政策支持体系，提高税收补贴政策的适用性；三是强化基础能力建设，建立产业共享和赋能机制。

五、持续增强大型银行金融韧性的建议

国有大型银行既是我国金融安全的维护者,也是金融安全的受益者,在增强自身应对外部环境变化能力的同时,有责任、有义务、有理由参与国家金融安全相关的信息产业建设。具体措施可以与国家金融安全利益相配合。一是与工业和信息化部联合倡导设立"金融韧性持续增强"基金,支持我国牵头的开源软件项目,特别是基础性软件,如Web服务器软件和支持大规模并发的分布式数据库等,资助与发达国家建立金融与科技合作,研究、制定金融和科技国际性标准。二是与信息技术公司共建联合实验室,重点弥补国产金融软硬件的空白,如HBA卡、RAID卡和SAS等存储相关设备。三是提高大型银行IT供应商选择的多样性,重视IT供应商日常管理,动态排查可能影响金融服务韧性的关键少数供应商情况,对于少数关键IT环节只被域外单一国家供应商垄断的情况要提前预警相关研发单位,做好预案,与有关单位形成合力,尽早解决关键软硬件设备的单一来源问题。四是在银行仍然自建或运维IT系统的情况下,长期保持一个熟悉金融硬件设备与底层软件的稳定团队。

第三章　BigTech对大型银行的挑战与应对

近年来，大型科技公司（以下简称"BigTech"）进军金融行业引发了业界的高度关注。美国众议院金融服务委员会于2019年7月起草了一份《禁止大型科技公司开展金融业务法案》（*Keep BigTech Out of Finance Act*），以限制BigTech将触角扩大到金融领域。近期，因著名社交网络公司Facebook（脸书）宣布将发行数字货币Libra（天秤币），BigTech进入金融行业又被推到了舆论的风口浪尖。10月23日，Facebook CEO马克·扎克伯格（Mark Elliot Zuckerberg）在国会举行的听证会上为Libra进行辩护，但议员们仍对像Facebook一样的BigTech从事金融业务持担心的态度。国际清算银行（Bank for International Settlements，BIS）以及2019年的日内瓦世界经济会议（Geneva Conference on the World Economy）[①]都曾对BigTech从事金融业务对金融中介、金融市场、金融监管及金融稳定的影响展开讨论。

---

① 2019年5月17日，第21届日内瓦世界经济会议在瑞士日内瓦召开。日内瓦世界经济会议自1998年以来每年召开一次，会聚全球经济金融领域的高层政策制定者、专家学者和业界人士，基于当年的特别委托报告《日内瓦世界经济报告》展开讨论。2019年会议讨论的报告主题为"银行业的未来：转型技术时代的挑战与机遇"。

BigTech进入金融领域对传统大型银行有哪些挑战？大型银行又该如何加以应对？这些都是值得我们深思的问题。本章对这些问题进行探索，从BigTech的概念出发，探究BigTech为何进军金融行业，并讨论BigTech从事金融业务的优势以及对大型银行的影响与挑战，最后提出相关对策建议。

一、BigTech概念溯源

对于BigTech的概念，国际上并无统一的定义。2019年2月，金融稳定理事会（Financial Stability Board，FSB）在其发布的报告中以举例的方式定义BigTech[①]，如国外的谷歌、苹果、脸书和亚马逊（GAFA公司）和国内的百度、阿里巴巴、腾讯和京东（BATJ公司）等科技公司都被称为BigTech。2019年4月，国际清算银行在其第779号工作论文中提道："媒体使用'BigTech'一词来描述直接提供金融服务或金融产品的科技公司，而我们将'BigTech'定义为核心业务为信息技术，同时提供金融服务的公司。"[②]在上文提到的《禁止大型科技公司开展金融业务法案》中，BigTech被描述为"主要提供在线平台服务且年收入在250亿美元以上的科技公司"。综上所述，我们认为BigTech是指核心业务为信息技术，但借助用户、技术等优势迅速切入金融行业的科技巨头公司。

[①] FSB. FinTech and market structure in financial services: Market developments and potential financial stability implications，2019-02.

[②] Jon Frost, Leonardo Gambacorta, Yi Huang, Hyun Song Shin and Pablo Zbinden. BigTech and the changing structure of financial intermediation，2019-04.

二、BigTech进入金融行业的缘起

最初，BigTech进入金融行业源自自身业务的"被动需要"。例如，支付宝的出现最初只是为了建立起淘宝卖家与买家交易过程中的信任，为买家提供安全与方便的支付方式。随着阿里巴巴核心业务的发展（淘宝平台的迅速扩张），支付宝出现了"扫码付"与"条码付"等多种支付模式，不断满足用户的支付需求。支付规模的扩张使得用户账户中沉淀了大量的资金，余额宝的推出将用户的这些资金利用了起来，在为企业赚取利润的同时，也为用户提供了一种便捷的投资渠道。BigTech因本身核心业务在数据、技术、平台等方面积累起巨大优势，加之当前受到的监管比较宽松，使得其不仅能够"被动需要"，而且还能够"主动拓展"金融业务模式，除了支付、财富管理外，在借贷、保险等领域也为用户提供了多种体验良好的金融服务。

三、BigTech从事金融业务的优势

BigTech能够迅速切入金融行业，从最初的"被动需要"发展至"主动拓展"金融业务市场，主要因为BigTech具有场景丰富、触及长尾客户、技术力量强、良好的客户体验等几个优势。

（一）场景丰富

BigTech的核心业务（信息技术）为金融业务的拓展提供了丰富的场景。例如，可以通过脸书、微信等社交网络以及亚马逊、阿里巴巴等电商平台向用户提供金融服务，加之当前智能手机等移动设备的普

及，金融服务能够通过丰富的场景覆盖更广泛的社会群体并且产生更多新的应用领域。

（二）触及长尾客户

BigTech的商业模式主要围绕用户来进行，一个重要的好处是其产品或服务拥有大量的用户，进而会产生大量的用户数据，这些数据被BigTech运用技术手段进行分析与再加工，促进用户的进一步活动，进而产生更多的数据。BigTech在进行金融业务拓展时，可以利用其核心业务中产生的大量数据为客户进行综合画像，评估风险，减少对抵押品的要求，进而提高金融服务的效率，触及长尾客户，促进金融的普惠性。

（三）技术力量强

金融科技是技术带来的金融创新，技术是核心驱动力。BigTech的传统业务基本都是围绕技术展开，在金融科技中主要的几个技术领域，即Artificial Intelligence（"A"，人工智能）、Block Chain（"B"，区块链）、Cloud Computing（"C"，云计算）、Big Data（"D"，大数据）（简称"ABCD"）方面，BigTech都有较强的人才储备、技术积累以及应用经验。其在进行金融业务拓展时，技术的边际成本相对较低。

（四）良好的客户体验

BigTech"以客户为中心"的服务模式会给用户带来极致的客户体验，加之丰富的应用场景以及基于大数据分析对用户的喜好、行为等进行引导与预测，实现千人千面的个性化服务，进一步提升客户体验。BigTech拓展金融业务时，为了迅速获客、抢占市场，也会延续其在客户体验方面的优势，不断从用户的"感观"处发力，推广其金融服务。

四、BigTech对传统大型银行的影响与挑战

BigTech从事金融服务，为金融行业带来了很多正面的影响，其边际成本较低的业务结构可以较为容易地为消费者拓宽金融服务的边界，使得消费者能够更加便利地获取金融服务，进而提高金融效率，促进经济活动的效益。然而，BigTech的进入也为传统大型银行带来挑战，促使传统大型银行进一步改善服务，加速转型。

（一）BigTech的金融业务市场集中度过高，导致大型银行进入存在较高的壁垒

以中国为例，BigTech主要涉足的金融业务是移动支付，目前中国移动支付市场已经形成支付宝和腾讯金融（微信支付）双雄并立的局面。根据艾瑞资讯的数据，在2018年第四季度，支付宝所占份额为53.78%，腾讯金融所占份额为38.87%，二者之和为92.65%，已经占据了整个市场九成以上的份额。与其他领域相比，BigTech在移动支付这个市场集中度过高。在美国，根据路透社2018年8月20日的报道，美国司法部正在与州检察长合作，展开对BigTech的反垄断调查，调查其是否正在利用影响力扼杀竞争。高集中度的市场使得BigTech一旦形成了业务壁垒，其他竞争对手，特别是传统大型银行就无法进入该领域。BigTech可以利用网络外部性以及其客户、技术

和市场优势，增加用户的转换成本。

（二）丰富的业务场景使得BigTech的营销渠道多而广，挤压大型银行的利润空间

传统大型银行的营销渠道主要在于实体物理网点，随着移动互联网的发展，银行的营销渠道拓展至网上银行及手机银行，因此，银行可以将产品销售从线下搬到线上。然而，BigTech原本的业务能够覆盖丰富的场景，在这些场景中嵌入金融服务，使得BigTech金融产品的营销渠道得到极大的拓展，而不仅仅局限于某个单一的网站或App，相较于传统大型银行，BigTech能够迅速获客、抢占市场，并挤压大型银行的利润空间。

（三）BigTech从事金融服务可能会带来价格歧视，破坏大型银行已建立的市场平衡

BigTech庞大的用户群体以及技术优势，使得其能够以几乎为零的成本收集大量数据。通过对这些数据进行分析，可能会形成对消费者的价格歧视，使得用户的代价提高。例如，BigTech通过数据分析确定借款人愿意支付的最高贷款利率，两个相同资质的客户可能得到不同的资金价格，产生偏见。这样，传统大型银行建立的市场平衡将被打破，特别是在公平性方面，大型银行承担着保护广泛公共利益的责任。

五、对策建议

针对BigTech从事金融业务对大型银行在市场集中度、营销渠道及

价格歧视等方面造成的影响及挑战，我们提出如下对策建议。

（一）大型银行应不断增强与BigTech的合作，做到与之优势互补

相较于BigTech，传统大型银行有人才、风控、资金、安全等优势，大型银行应不断增强与BigTech的合作，做到优势互补。例如，在中小企业融资方面，BigTech可与大型银行形成比较好的互补关系：BigTech可以为银行提供客户，并利用其强大的技术实力快速做出是否批准贷款的决策。如果客户获得批准，则银行可以筹集资金并管理贷款。由于BigTech获客成本较低，这种方式对其有较大的吸引力。这种方式对银行也有利，因为他们可以获得额外的回报。为了激励借款人偿还贷款并在违约情况下限制损失，银行往往要求借款人提供抵押品并实时监控借款人的行为，防止道德风险。由于这些措施的成本较高，所以银行需要以费用或利差的形式进行弥补。但是BigTech能够使用大量的数据来筛选和监控借款人的活动，降低这些成本，并扩大银行的获客渠道。

（二）大型银行应积极采用开放银行模式，丰富其金融服务场景

BigTech之所以能够以某一金融业务为突破口（例如支付），迅速拓展其金融服务模式，主要原因在于BigTech业务之间的协同性较高。例如，淘宝规模的扩大使得用户对支付宝的需求就越强，而支付宝用户量的增长使得淘宝的支付渠道更为稳定。BigTech能够在其不同的业务场景之中融入金融服务，以不断拓展其金融业务。而对于大型银行

来讲，近年来兴起的开放银行模式，正是允许银行将其底层的金融服务以API或SDK的方式开放至第三方，利用第三方丰富的场景推广其金融服务，这将有利于大型银行进一步拓展市场，提高获客、活客与留客的能力。

（三）创新发展对BigTech监管的方式与手段，防止监管套利

一是BigTech在金融领域的迅猛发展已逐步显现出系统重要性的特征，但BigTech并没有传统大型银行在风控方面的能力与经验，这容易放大顺周期性；对其金融业务的监管应实时介入，以避免相关风险从小到不值得关注演变到大而不能忽视。二是在当前一致性监管无法适用时，应与时俱进，创新发展对BigTech的监管方式与手段，以缩小BigTech与传统金融机构之间的监管差距，从而限制BigTech通过影子银行活动进行监管套利。三是应不断完善数据保护规则，从政策与技术两个角度寻找数据使用与数据保护的平衡点，防止BigTech滥用用户数据，侵犯用户隐私。

（四）传统大型银行保持定力，积极拥抱金融科技

尽管BigTech在金融领域发展迅速，但根据国际清算银行的统计，目前BigTech的信贷业务只占银行信贷的0.8%；2018年底，与BigTech相关的全部货币基金规模为2.4万亿人民币（约合3600亿美元），仅占银行客户存款的1%和理财产品的8%。因此，传统大型银行应保持定力，发挥优势，积极拥抱金融科技，不断引入新技术对其产品及业务流程进行创新，为消费者提供更高质量的金融服务。

第四章　数字货币Libra的可能影响与对策

2019年6月18日，全球最大的社交网络公司Facebook宣布将在2020年推出数字货币Libra，引起广泛关注。7月16日和17日，美国国会专门就Libra召开两场听证会，讨论其隐私安全问题及对金融体系的影响。虽然Libra尚处探索阶段，存在巨大争议，但货币数字化是大势所趋，预计未来各种数字货币探索将层出不穷。数字货币可能带来一系列影响，包括：冲击现有国际支付系统；降低资本管制的有效性；增加金融监管难度；弱势货币可能被加速替代，美元优势会进一步增强等。我国应密切跟踪数字货币进展，加强技术研发和国际合作，主动参与国际规则制定；稳步推进资本账户放开，加快人民币国际化，减少数字货币的冲击；稳妥发展国内数字货币，有所甄别，防范可能带来的风险。

一、Libra发行管理仍面临诸多挑战

根据Libra白皮书的定义，Libra是一套简单的全球货币和金融基

础设施，可为数十亿人提供服务①。这主要有三层含义：一是要发行新的货币，且可以自由兑换；二是可以全球流通，超越主权范围；三是要为该货币建立支付清算设施，使其被广泛接受，用于日常使用。与之对比，支付宝、微信支付等国内第三方支付机构主要做到了第三点，没有做到前两点②。数字货币并非新生事物，2009年比特币等基于区块链技术的加密货币就已出现③，但Libra受到广泛关注，主要因为Facebook公司的巨大影响力。但是，仅靠商业信用不足以建立信任，Libra还设计了一些新的机制。

与比特币等数字货币相比，Libra的新特点主要有三方面。一是要求有100%资产储备，通过挂钩一篮子法定货币（包含美元、英镑、欧元和日元四种货币）保持币值稳定，这类似我国香港的货币发行机制；比特币没有真实资产储备，发行量主要取决于算法规则和运算能力，币值波动大。二是治理机制不同，Libra仍采用区块链分布式技术，但Facebook联合27家机构成立Libra协会作为管理机构，负责管理储备资产、维护币值稳定。三是应用场景丰富，Facebook具有强大的生态系统，用户规模高达27亿人次，约覆盖全球1/3的人口、100多个国家，存在跨境支付④、日常消费等大量潜在应用场景；比特币由于币值不稳定，难以发挥支付功能，主要是投机性资产。

目前，关于Libra的公开信息十分有限，对其争论较多但缺乏共识。近期，美国总统特朗普、美联储主席鲍威尔、美国国会等都对

---

① 数据来源：Facebook发布的Libra白皮书。
② 并未发行新的货币，而且在跨境服务中面临监管约束。
③ 数字货币至少已有10年历史。早在2009年初，基于区块链技术、按照算法规则生成、非主权信用主导的数字货币就已出现，但由于缺乏信用支撑，比特币等数字货币价格大幅波动，成为投机工具，无法发挥货币的价值尺度作用。
④ Libra在非洲等发展中国家可能有较大的应用潜力，因为这些国家换汇成本高、汇兑时间长。

Libra提出质疑。Facebook公布的Libra白皮书内容主要是愿景描述,远未达到可行性操作层面。Libra负责人的国会听证词回应了部分质疑,包括:在解决监管问题之前,不会正式推出Libra;Libra协会将与美联储和其他中央银行合作,确保不与主权货币竞争;Libra协会将全力协助金融监管,打击洗钱活动等。但总体来看,Libra尚处于概念提出和探索阶段,其发行管理仍面临诸多挑战。

第一,在法定货币时代,货币的根本是信用,数字货币也不例外。国际主要货币都是由主权国家发行,以国家信用背书,支撑货币价值的是国家的生产力和财富积累。虽然存在一些超主权货币的设想,但鲜有落地[①]。缺乏信用支撑的数字货币,币值会因供求关系变化而大幅波动,成为投机工具,难以发挥货币功能。比特币等大部分数字货币,都是这种情况。Libra要求100%资产储备,支撑Libra币值的还是其所挂钩的一篮子主权货币,但能否实现币值稳定还有待观察。有观点认为Libra协会可能成为全球央行,这显然过分夸大了,按照现有设想,Libra协会难以实施货币政策。因为它挂钩主权货币,可以全球自由流动(这里可以对比港币,港币汇率盯住美元、无资本管制),按照蒙代尔不可能三角,在上述约束下,不可能有效实施货币政策。

第二,即使Libra能保持币值稳定,它能否被广泛接受并使用,存在巨大挑战。货币体系具有很强的先发优势和路径依赖,如果没有明显优势,后来者很难替代先发者。假设Libra挂钩美元[②],那么用户为何不直接使用美元而使用Libra?Libra相对于美元的优势在哪里?除非其清算结算、汇兑等交易成本等更低。但实际上,发达国家币值稳定,

---

① IMF的SDR也是基于一篮子主权货币,但它没有用于日常流通。
② 这是简化假设,相当于一篮子货币的构成100%是美元。也可以拓展成美元、英镑、欧元、日元各占一定比例。

资本流动自由，现有支付清算体系成本够低、效率够高，改进空间较为有限，这也是移动支付在发达国家没有大发展的主要原因。因此，Libra难以对发达国家居民产生吸引力，预计愿意使用Libra的可能主要是弱势货币国家。这就产生了很强的逆向选择问题，理论上，逆向选择的极端后果会导致市场消失。

第三，即使公众愿意使用，各国央行和金融机构是否接受Libra也存在疑问。根据Libra白皮书信息，Libra储备资产的利息分配规则由Libra协会制定，Libra持有者不会获得储备利息收益。银行等金融机构显然不愿持有不生息的Libra资产。如果银行不接受，Libra就不会有货币创造机制，只能作为流通现金，无法用于信贷、投资贸易等用途，使用范围会大大受限。此外，如果金融机构不接受，Libra只能在Facebook生态内的有限范围内流通，难以用于各种场景下的支付用途，Libra将退化为有限用途的社区支付工具，更不会对SWIFT等现有的跨境支付体系带来颠覆性冲击。

第四，Libra储备资产管理存在巨大困难。Libra协会可能很难自主决定和调整一篮子货币的构成比例，如前所述，Libra的用户存在逆向选择问题，弱势货币国家居民更愿意兑换Libra，而Libra挂钩的一篮子货币都是强势货币（美元、英镑、欧元和日元），那么发钞机构以强势货币换取Libra，然后在流通中只能换回弱势货币，这显然存在矛盾。此外，按Libra白皮书的承诺[①]，Libra可以自由兑换、全球流通，那很可能大量出现"弱势货币→Libra→强势货币"的兑换，储备资产中的强势货币会加快枯竭，同时加速弱势货币国家的美元化进程。Libra承

---

① Libra白皮书中写道，任何持有Libra的人都可以根据汇率把自己持有的Libra兑换为当地货币，就跟旅游时兑换其他外币一样。

诺为全球数十亿人提供金融服务，这意味着任何货币都可以兑换Libra，大量的币种转换交易会产生巨大的多边汇率管理风险和流动性风险。

二、数字货币的可能冲击和影响

随着数字经济和互联网的广泛渗透，货币数字化是大势所趋。一些国家央行在积极进行数字货币的探索，但这不是创设新的货币，而是法定货币的形态变化。货币数字化并不意味着任何机构都可以发行数字货币。数字货币采取何种形式？发行主体是谁？如何管理？对这些问题，目前还没有成熟方案。Libra提出了一种设想，但其真实效果和影响还有待观察。如果未来数字货币走向成熟，它的冲击或影响主要可能有以下几个方面。

一是影响现行支付清算系统。我国移动支付的发展和监管应对历程，清晰地展现了货币数字化可能对现行支付清算系统的冲击。高度便捷、成本更低的新型支付工具，能很快将大量用户从现行支付系统中吸引过来，虽然它可能存在一定的安全问题和风险隐患。网联成立之前，支付宝直接连接各家银行，完成跨行转账交易，实际上发挥了支付清算功能。现有支付清算系统（银联）难以逐笔监控底层交易信息，存在洗钱、沉淀资金挪用等风险，这也是监管部门要求断直连、备付金全额上缴的重要原因。支付宝只是在一国范围内、用本国货币提供支付服务，如果未来某种数字货币能在全球范围内提供更便捷支付服务，它可能会对现行国际支付清算系统带来冲击。但需要看到，SWIFT等国际支付体系有很强的网络效应，如果数字货币难以实现有效的跨币种协调，那么SWIFT优势不一定会被削弱，反而可能发挥更大作用。

二是加大金融监管难度。很多数字货币都强调账户匿名性，这可能和金融监管原则存在根本性冲突。账户是金融监管的基础，身份认证是提供大部分金融服务的前提，现有的账户和支付清算体系设计的一个重要目的是满足金融监管要求。如果数字货币允许使用匿名账户，就无法识别账户持有人的真实身份，这会产生很大隐患，如洗钱、恐怖组织资金转移等，这显然难以满足最基本的金融监管要求。在这方面，我国第三方支付监管已积累了较为丰富的经验，第三方支付账户必须实名认证并绑定银行卡，同时限制最高支付金额，主要目的是识别身份，防范非法大额资金转移。

三是降低跨境资本管制的有效性。数字经济形态下，国界的限制会有所弱化。如果数字货币能够在跨境支付中广泛使用，将会冲击现有的资本管制措施。资本管制较多的发展中国家，受到的冲击会更大。当前，我国资本项目尚未完全放开，数字货币可能对资本管制带来挑战。根据国际货币基金组织（IMF）标准，资本项目交易共有40类，我国有37类已实现可兑换、基本可兑换或部分可兑换，而股票一级市场发行、货币市场工具发行、衍生工具发行项目仍不可兑换[①]。数字货币的发展，会促进放宽资本项目管制。

四是弱势货币可能被加速替代，大国货币优势将进一步增强。如果未来出现币值稳定、可以跨境支付的数字货币，将会加剧全球货币体系的分化。例如，Libra通过挂钩一篮子主权货币来维持币值稳定，Libra一旦广泛适用，将会增强其所挂钩一篮子货币的优势地位，尤其是强化美元的霸权地位。相应地，弱势货币的流通范围会越来越小，

---

① 朱隽：《金融业开放和参与全球治理》，中国金融出版社，2018。

甚至逐步消失。经济动荡、政局不稳、高通胀、存在资本管制、汇兑成本高的国家，对本国主权货币的控制力会减弱。

三、我国的应对策略

以Libra为代表，预计未来数字货币的探索将不断涌现，经过市场选择后，有可能最终出现成熟的数字货币形态。我国在移动支付等金融科技领域具备一定优势，这为孕育数字货币发展提供了有益的土壤。对于数字货币，我国既要积极参与、稳妥推进，也要理性认识、甄别风险。

第一，理性认识货币本质，不宜过度夸大Libra的冲击。货币遵循深刻的经济社会和历史规律，国际货币体系的形成是大国博弈和综合国力竞争的结果。货币的形态可能会因数字技术应用而改变，但货币的本质规律很难因某种技术创新而发生颠覆性变化。当前对Libra的争议很多，但有些明显偏颇，应从基本规律出发客观分析，有所甄别。

第二，密切跟踪数字货币最新进展，积极加强国际合作。当前数字货币探索很多，主导方既有央行，也有金融机构（如JP摩根的JPMcoin），还有科技企业。数字货币具有跨境特征，无论从货币流通还是从金融监管角度看，数字货币的发展都离不开国际合作，需要各国央行及国际组织的协调配合。我国应密切跟踪数字货币进展，主动参与相关国际组织和规则标准制定。

第三，加快金融改革开放，为数字货币做好制度准备。稳步推进资本账户开放，避免数字货币发展可能带来的资本管制失效问题。顺势而为，利用数字货币发展的机遇，加快提高人民币国际化水平。加强金融监管和风险防范，及时甄别乱象，减少各类市场机构以探索数字货币为名义产生的金融风险。

第四，立足我国实际，稳妥发展国内数字货币。立足实际需求，发挥我国金融科技优势，加强技术研发，探索适合我国实际的数字货币技术路径。立足金融监管和货币政策目标，在风险可控前提下，稳妥发展数字货币，及时总结并借鉴我国在第三方支付等领域的监管经验，持续跟踪和评估数字货币对支付、金融稳定、货币政策等领域的影响。

第五章　数字普惠金融政策框架国内外比较研究

普惠金融的发展离不开金融科技的支撑，数字普惠金融应运而生。本章系统梳理了有代表性的国际组织和国家近年来涉及数字普惠金融的相关政策性文件，挖掘政策亮点，探讨数字普惠金融政策领域的未来方向。

一、有关国际组织和国家数字普惠金融政策框架比较

（一）数字普惠金融定义及服务群体比较

对于数字普惠金融定义，仅有全球普惠金融合作伙伴组织（GPFI）和二十国集团（G20）提出了较为宽泛的概念；而对于数字普惠金融的服务群体，有关国际组织和国家进行了详略不一、各有侧重的归纳。对比详见表1、表2。

表1　　　　　　　　国际组织数字普惠金融定义及服务群体比较

国际组织	时间	政策文件	普惠金融/数字普惠金融定义	提及服务群体
全球普惠金融合作伙伴组织（GPFI）	2016	《全球标准制定机构与普惠金融——不断演变的格局》，又称GPFI白皮书（2016）	通过数字方式为无法享受金融服务或金融服务不足的群体提供金融服务；在降低成本的同时，以更可持续的方式和更亲民的价格为消费者提供服务	偏远、难以进入服务地区的客户（包括女性客户）
全球普惠金融合作伙伴组织（GPFI）	2017	《数字普惠金融的新兴政策与方法》	—	—
全球普惠金融合作伙伴组织（GPFI）、二十国集团（G20）	2016	《二十国集团数字普惠金融高级原则》	泛指一切通过使用数字金融服务以促进普惠金融的行动；运用数字技术为无法获得或缺乏金融服务的群体提供一系列正规金融服务，能满足其需求，并且以负责任、成本可负担的方式提供，同时对于提供商而言是可持续的	妇女、穷人、年轻人、老年人、中小企业及其他群体
IMF、世界银行	2018	《巴厘金融科技议程》	—	无银行账户人口、妇女、中小微企业、农民、个人
世界银行、中国人民银行	2018	《全球视野下的中国普惠金融：实践、经验与挑战》	个人、小微企业（MSEs）能够获取和使用一系列合适的金融产品和服务，这些金融产品和服务对消费者而言便捷安全，对提供者而言商业可持续	个人、小微企业、农民、城镇低收入人群、贫困人群和残疾人、老年人等缺乏金融服务或金融服务不足群体

表2　　　　　　　　各国数字普惠金融定义及服务群体比较

国家	时间	政策文件	普惠金融/数字普惠金融定义	提及服务群体
美国	2018	《一个创造经济机遇的金融体系——非银机构、金融科技与创新》	—	学生、工薪阶层
印度	2014	《旗舰普惠金融计划》（PMJDY计划）	—	被主流金融业排除在外的人群，包括女性、小农户和劳工
印度	2018	《普惠金融指数》（FII）	—	—
印度	2018	《印度储备银行（RBI）2018—2019年度第五次双月货币政策声明》	—	中小微型企业、中小微农民用户

续表

国家	时间	政策文件	普惠金融/数字普惠金融定义	提及服务群体
中国	2015	《推进普惠金融发展规划（2016—2020年）》	普惠金融是指立足机会平等要求和商业可持续原则，以可负担的成本为有金融服务需求的社会各阶层和群体提供适当、有效的金融服务	小微企业、农民、城镇低收入人群、贫困人群和残疾人、老年人等特殊群体
	2018	《关于进一步深化小微企业金融服务的意见》	—	小微企业
	2018	《关于2018年推动银行业小微企业金融服务高质量发展的通知》	—	小微企业中的相对薄弱群体
	2019	《关于金融服务乡村振兴的指导意见》	—	"三农"、农户、新型经营主体、中小企业、建档立卡贫困户
	2019	《关于2019年进一步提升小微企业金融服务质效的通知》	—	小微企业中的相对薄弱群体

（二）数字普惠金融政策措施比较

对于发展数字普惠金融的政策措施，有关国际组织和国家的关注点既相似又有区别，其中《二十国集团数字普惠金融高级原则》的内容较为系统和全面。详见表3、表4。

表3　　国际组织数字普惠金融政策措施比较

国际组织	时间	政策文件	涉及数字普惠金融相关政策					
			金融科技支持	创新与风险平衡	有效监管	基础设施	客户识别权益保护知识普及	跟踪研究
全球普惠金融合作伙伴组织（GPFI）	2016	《全球标准制定机构与普惠金融——不断演变的格局》	√	√	√	√	√	√
	2017	《数字普惠金融的新兴政策与方法》	√	—	√	√	—	—

续表

国际组织	时间	政策文件	涉及数字普惠金融相关政策					
			金融科技支持	创新与风险平衡	有效监管	基础设施	客户识别权益保护知识普及	跟踪研究
全球普惠金融合作伙伴组织（GPFI）二十国集团（G20）	2016	《二十国集团数字普惠金融高级原则》	√	√	√	√	√	√
IMF、世界银行	2018	《巴厘金融科技议程》	√	—	—	√	√	√
世界银行、中国人民银行	2018	《全球视野下的中国普惠金融：实践、经验与挑战》	√	√	—	—	—	—

表4　　　　各国数字普惠金融政策措施比较

国家	时间	政策文件	涉及数字普惠金融相关政策					
			金融科技支持	创新与风险平衡	有效监管	基础设施	客户识别权益保护知识普及	跟踪研究
美国	2018	《一个创造经济机遇的金融体系——非银机构、金融科技与创新》	√	—	√	—	√	—
印度	2014	《旗舰普惠金融计划》（PMJDY计划）	—	—	—	—	—	—
	2018	《普惠金融指数》（FII）	√	—	—	—	—	—
	2018	《印度储备银行（RBI）2018—2019年度第五次双月货币政策声明》	√	—	√	—	—	—
中国	2015	《推进普惠金融发展规划（2016—2020年）》	√	√	√	√	√	√
	2018	《关于进一步深化小微企业金融服务的意见》	√	—	√	√	—	—

续表

国家	时间	政策文件	涉及数字普惠金融相关政策					
			金融科技支持	创新与风险平衡	有效监管	基础设施	客户识别权益保护知识普及	跟踪研究
中国	2018	《关于2018年推动银行业小微企业金融服务高质量发展的通知》	√	√	√	—	—	—
	2019	《关于金融服务乡村振兴的指导意见》	√	√	√	√	√	—
	2019	《关于2019年进一步提升小微企业金融服务质效的通知》	√	√	√	—	—	—

二、相关政策着力点分析

(一)数字普惠金融的定义——源自实践

"普惠金融"这一概念最早由联合国于2005年提出,其定义到目前已在全球范围内基本达成共识,因此,各份政策文件相对较少专门对普惠金融的概念进行解析。中国国务院于2015年发布的《推进普惠金融发展规划(2016—2020年)》提出:"普惠金融是指立足机会平等要求和商业可持续原则,以可负担的成本为有金融服务需求的社会各阶层和群体提供适当、有效的金融服务。"这一表述可视为对普惠金融较为完整和全面的定义。

数字普惠金融由二十国集团(G20)于2016年正式提出,"泛指一切通过使用数字金融服务以促进普惠金融的行动"。这一定义参考了2016年全球普惠金融合作伙伴组织(GPFI)白皮书中的概念,同时这一定义还处于不断发展中。其余各份政策文件均未深究数字普惠金融定义,但基本都涵盖了通过金融科技与数字技术促进普惠金融发展的内容。这从侧面反映出两点：一是金融科技对于普惠金融是内在共生的关系，发展普惠金融必然需要金融科技支撑；二是数字普惠金融一直在实践中发展，实践探索领先于理论研究。

（二）数字普惠金融的服务群体——各有侧重

国际组织和各国在数字普惠金融的服务群体界定的整体覆盖面上基本一致，但在具体关注点上有一定区别。

在涉及服务群体界定的国际组织文件中，G20把"妇女、穷人、年轻人、老年人、中小企业及其他群体"作为数字普惠金融的服务对象，与GPFI"偏远、难以进入服务地区的客户（包括女性客户）"的宽泛概念相比，更有具体指向性，但也是"大而全"的群体。

在国家层面，印度在2014年的《旗舰普惠金融计划》（PMJDY计划）中使用了"被主流金融业排除在外的人群，包括女性、小农户和劳工"的宽泛概念，并在2018年提到了"中小微企业、中小微农民"；美国财政部在《一个创造经济机遇的金融体系——非银机构、金融科技与创新》中，隐含地将"学生、工薪阶层"归为数字普惠金融服务对象；中国于2015年在国家层面提出"小微企业、农民、城镇低收入人群、贫困人群和残疾人、老年人等特殊群体是当前我国普惠金融重点服务对象"，后续一些相关部委文件有侧重地提及了其中部分群体，如小微企业中的相对薄弱群体和"三农"。

整体而言，出于普遍性的考虑，国际组织对数字普惠金融服务群体的界定相对较为概括，而各国的界定则反映了各国国情的具体差异。美国只是隐含地提及这一群体，可能因为美国金融体系发达，普惠问题不紧迫；印度特意提到了女性，反映了印度着力解决对女性的金融排斥问题；中国的定义较广，对小微企业、农民的关注比较契合中国"服务实体经济"和"扶贫攻坚"两大主题，定义中的"当前"也体现了这一表述的时代性，为将来与时俱进修订政策预留了空间。

（三）依赖金融科技发展普惠金融的路线图——已成共识

作为最早提出数字普惠金融概念的国际组织，GPFI强调通过数字技术创新及与其相关的新机构、新产品、新服务来覆盖"无法享受金融服务或金融服务不足的群体"；作为倡导性的国际政策文件，《二十国集团数字普惠金融高级原则》在倡导通过数字技术发展普惠金融时，强调了适合国情的国家层面政策支持、相关主体（包括监管部门、市场参与者等）间的合作、金融行业的金融产品和基础账户支持；IMF、世界银行在《巴厘金融科技议程》中强调了利用金融科技克服传统金融在普惠金融领域覆盖面不足、客户识别困难、服务成本过高、商业可行性不强等劣势；世界银行、中国人民银行在2018年发布的《全球视野下的中国普惠金融实践、经验与挑战》中也强调了数字金融对于普惠金融可得性、便利性、可负担性、商业可行性和可持续性等方面的提升作用。

美国财政部的金融科技报告（2018）中提及了大数据、人工智能、机器学习等数字技术有助于加强对学生和工薪阶层的信贷支持；印度国家层面的PMJDY计划未着重提及数字技术，但在2018年发布的普惠金融指数（FII）中体现了一定的数字技术导向；中国国务院2015年发布的《推进普惠金融发展规划（2016—2020年）》提出了积极引导各类服务主体利用金融科技和数字技术拓展普惠金融服务的广度和深度，后续的一些相关部委文件在各自重点关注的普惠金融细分领域强调了金融科技和数字技术的重要性,并重点提及了互联网金融、大数据、云计算、人工智能、区块链等新兴技术。

可见,通过金融科技发展数字普惠金融在国际组织和各国之间已基本达成共识,各份政策文件基本都重点关注或涉及该领域。国际组织文件强调了国家层面政策支持和引导的重要性;各国的政策文件在系统性和导向性等方面契合了本国的国情和发展阶段。

(四)数字普惠金融创新与风险的关系——鼓励创新

GPFI白皮书(2016)指出,数字普惠金融在运营、清算、流动性、信贷、消费者保护、反洗钱、涉恐资金查处等方面将带来一定的风险;《二十国集团数字普惠金融高级原则》对此持相同观点,并提出要平衡好数字普惠金融发展中的创新与风险,主要措施包括优化金融服务的安全设计、加强风险评估和信息共享、制定适合实际的风控策略、探索识别新兴技术风险的新方法等,但仍然强调要鼓励数字普惠金融创新,乃至探索发行数字法定货币;世界银行、中国人民银行2018年发布的《全球视野下的中国普惠金融:实践、经验与挑战》报告认为,金融科技、数字金融的本质仍然是金融,其风险更具隐蔽性、传染性和广泛性,需要予以重视。各国政策文件以明确或隐含的方式,提及了数字普惠金融的创新与风险。

显然,国际组织在看到潜在风险的同时,更在意数字普惠金融带来的好处,因而要求"平衡创新与风险",鼓励创新。在创新与风险之间寻求一种平衡,体现了国际组织的"均衡"和"适度"思维,值得各国借鉴。

(五)数字普惠金融的有效监管——公平包容

GPFI白皮书(2016)简单地提及监管普惠金融带来的新问题;《二十国集团数字普惠金融高级原则》提出要构建恰当的法律和监管体系,包括技术中性且灵活有延展性的适宜的法律框架、鼓励创新的适度监管包容、公平竞争与防止监管套利、明晰监管部门的职责并提升监管能力、加强跨国交流等方面;GPFI《数字普惠金融的新兴政策与方法》(2017)在介绍各国经验时提到了中国对支付机构的分层监管和成立行业自律协会、英国和美国的"监管沙箱"、奥地利和卢旺达的"监管科技"(RegTech)。

美国财政部金融科技报告(2018)提出取消部分不合适的规则、监管支持创新,突出监管要为创新让路;印度在2018年提出将成立专门的中小微型企业专家委员会,将在普惠金融监管领域作出优化;中国在国家层面提出"促进互联网金融组织规范健康发展",要求"提高普惠金融服务水平,降低市场风险和道德风险",在相关部委文件中也提出了有针对性的监管措施,并提出金融机构内部机制创新与政策倾斜、监管部门差异化监管与完善法律法规。

可以看出,在数字普惠金融的有效监管方面,国际组织更强调一般性的原则,并且突出以下两个方面:一是公平,包括技术中性、公平竞争与防止监管套利;二是鼓励创新,包括适度监管包容、灵活有延展性,这也体现了政策需要"与时俱进"。各国结合自身的国情,提出了相对具体一些的政策,但有针对性的监管科技应用还落后于数字普惠金融的发展。

(六)数字普惠金融的基础设施建设——有待重视

GPFI白皮书(2016)提出要强化各金融业标准制定机构间合作,暗含了统一基础设施的理念;《二十国集团数字普惠金融高级原则》较为完整地提出了数字普惠金融基础设施建设的概念,包括电力电信互联网的全面覆盖、现代化和开放的安全高效支付平台、政府和服务商的渠道支持、抵押物登记系统优化、保护消费者隐私前提下的信用数据高效支持等,并鼓励探索区块链技术在该方面的应用;其他几份国际组织政策文件也部分提及了基础设施建设。

从各国政策文件来看,除了中国的《推进普惠金融发展规划(2016—2020年)》和《关于金融服务乡村振兴的指导意见》,其余文件未专门阐述数字普惠金融基础设施建设。另外,中国人民银行最新发布的《商业银行担保物基本信息描述规范》统一了担保物描述基准和风险管理的"工作语言",是中国金融标准化工作的一项重要举措,支持通过数字化建设和业务创新减轻商业银行对抵押担保的过度依赖,是中国在数字普惠金融基础设施建设方面取得的新进展。

各国政策文件对数字普惠金融基础设施建设方面相对较少涉及,至少反映了各国在宏观政策层面对该领域的重视程度还有待进一步加强。

(七)数字普惠金融的客户识别、权益保护与知识普及——均有考虑

GPFI白皮书(2016)提到了关注和保护普惠金融消费者,包括客户识别、隐私保护;《二十国集团数字普惠金融高级原则》较为完整地阐述了数字普惠金融的客户识别、权益保护与知识普及三方面的

一些措施，包括：可得和可负担的基础身份登记系统、统一和共享的国家级身份信息数据库、新兴生物识别技术的应用、隐私及安全的法律保护与问责机制、可信的数字签名技术，消费者权益保护的法律体系及投诉机制、行业自律机制、消费者信息使用知情权保障、对服务商的约束与培训，提高民众的数字金融素养、更多的数字金融教育项目、新形式的教育方式、多样化的产品和服务选择机制，等等；《巴厘金融科技议程》提及了教育、宣传和扫盲；世界银行、中国人民银行在2018年的《全球视野下的中国普惠金融：实践、经验与挑战》报告中提及了教育与权益保护。

在国家层面，各国政策文件以不同的方式，明确提及或隐含涉及了客户识别、权益保护与知识普及三方面的内容。

可以看出，关于数字普惠金融的客户识别、权益保护与知识普及，国际组织和各国的认识与政策取向趋于一致。

（八）数字普惠金融的跟踪研究——存在反差

GPFI白皮书（2016）提出普惠金融的概念和标准需要"酌情运用"，同时强调普惠金融领域"不断演变的格局"，暗示对数字普惠金融要进行跟踪研究，也暗示数字普惠金融的动态变化、地域性和阶段性；《二十国集团数字普惠金融高级原则》明确提出了要监测数字普惠金融的发展进程，包括设计发展指标、完善数据采集系统、优化统计分析、研究报告与信息公开、资助研究与评估、监测政策实施进展等方面；《巴厘金融科技议程》也提到应跟踪金融科技的发展。

与此形成反差的是，在国家层面，除了中国的《推进普惠金融发展规划（2016—2020年）》，其他政策文件均未提及关于数字普惠金融的跟踪研究，表明对此重视不够。

国际组织和各国对于数字普惠金融跟踪研究的反差，可能与其目标导向有关。各国现阶段可能更关注数字普惠金融的实践发展，虽然也有对政策的跟踪研究（如对政策效果的回望），但没有上升到政策的层面；国际组织则站在一个更客观、更独立的角度来看问题，因此单列提出了对数字普惠金融跟踪研究。

三、启示与建议

通过以上对比分析，对有关国际组织和国家的数字普惠金融政策提出以下建议。

（一）加深对数字普惠金融的理解

目前除了二十国集团（G20）在2016年发布的报告《二十国集团数字普惠金融高级原则》中提出的"泛指一切通过使用数字金融服务以促进普惠金融的行动"的宽泛定义，国际组织和各国对数字普惠金融的定义尚无统一的认识。考虑到金融科技与数字技术对于普惠金融的内生支撑作用，本书认为数字普惠金融是指运用金融科技对金融产品和金融服务进行创新，有效防控风险，全面提升普惠金融覆盖度、可得性、便利性、可负担性和商业可行性的金融活动。

（二）科学界定数字普惠金融的服务群体

普适性与特殊性之间的辩证关系是制定公共政策时需要首先考虑的问题，对于数字普惠金融服务群体的界定需要兼顾普适性与特殊性。国际组织和各国必须确保在覆盖一般情况、符合一般规律的前提下，切合当地数字普惠金融发展实践，因地制宜（关注各国国情差异）、因时制宜（关注各国数字普惠金融发展阶段差异），科学界定数字普惠金融的服务群体。

发展中国家对于数字普惠金融存在显性需求，对于数字普惠金融服务群体的界定，在实现目标群体全覆盖的基础上，应当突出本国当前阶段的重点关注对象，如中国的"三农"和小微企业、印度的女性等。

发达国家也存在数字普惠金融需求。以美国为例，其国内仍然存在学生群体、工薪阶层等相对"低"收入群体（虽然其收入绝对值比穷国要高很多），需要得到普惠金融的覆盖；此外，其"多消费、少储蓄""先消费、后还款"的社会观念也进一步加深了其普通民众尤其是工薪阶层对于普惠金融的需求。因此，发达国家对于数字普惠金融服务群体的界定需要在本国发达的金融体系中寻找"被遗忘的角落"。

此外，对于数字普惠金融服务群体的界定需要保持一定的前瞻性和政策弹性，并与时俱进。在当前数字普惠金融发展的量变阶段，必须始终涵盖目标群体，且不会因某项具体政策的调整而"误删"部分对象；如果发展阶段出现质变，则需要适时重新界定服务群体。

（三）强化数字普惠金融政策导向并向中微观层面延伸

国际组织对于数字普惠金融宏观性、倡导性的政策建议可向中微观层面延伸，对各国发展数字普惠金融进行更为具体的指导。在金融科技的应用方面，国际组织可根据本区域的实际，向区域内各国推荐适合发展数字普惠金融的新兴技术,并提供应用措施建议;在国家政策引导方面,国际组织可总结数字普惠金融先进国家经验,向区域内各国提供分层指导;在监管与风控方面,国际组织可组织跨国研究,提炼成熟和有前瞻性的具体措施,向区域内各国提供操作指引。

中国国家层面的普惠金融发展规划提出了利用金融科技和数字技术拓展普惠金融服务的广度和深度,相关部委出台了基于自身职责范围的相关落地措施,还指出了互联网金融、大数据、云计算、人工智能、区块链等具体可行的技术方向,形成较为完整的政策体系,既有国家层面的安排,又有部委层级的跟进。这种双层的政策引导在实践中已取得实效,可供其他区域经济体参考借鉴。

(四)平衡数字普惠金融创新与风险

国际组织倡导"平衡创新与风险",这种鼓励创新的"均衡""适度"思维应当推广到数字普惠金融的发展中。一方面,金融科技是未来金融业的发展方向,数字普惠金融是未来普惠金融的主流形态,必须采取积极的措施引导和鼓励数字普惠金融产品创新、服务创新、监管创新,最大化地发挥金融科技的支撑作用;另一方面,数字普惠金融的本质仍然是金融,风险仍然是其固有属性,而且这种风险因为数字技术而更易于扩散,必须从源头加以防范和控制,通过传统方法和金融科技相结合,在数字普惠金融产品逻辑、业务流程、监管规范等方面做好规则约束和科技防控。

(五)提升数字普惠金融中监管科技运用水平

国际组织在监管政策建议方面强调技术中性、适度监管包容、公平竞争与防止监管套利，可为各国提升数字普惠金融监管水平提供有益参考；"中国经验"、英国和美国的"监管沙箱"、奥地利和卢旺达的"监管科技"（RegTech）也具有借鉴意义。

出于金融稳定的考虑，各国对商业银行等传统金融机构历来施以相对严格的监管政策，这在一定程度上对传统金融机构的金融科技创新形成制约，影响正规金融体系在数字普惠金融领域的发挥；相比之下，互联网企业由于不是传统的金融机构，创新环境更为宽松（存在一定的监管套利），通过数字技术向金融行业逆向渗透，更易于在金融科技领域形成先发优势。近年来，各国的监管政策在向鼓励和规范金融科技创新的方向发展，未来需要深化监管科技应用，进一步突出技术中性和适度监管包容，促进公平竞争，防止监管套利，引导传统金融机构和互联网企业发挥各自的优势，在数字普惠金融领域形成互补与良性竞争，实现数字普惠金融可持续发展。

（六）完善数字普惠金融基础设施建设

良好的基础设施支持是数字普惠金融发展不可或缺的必要条件。各国尤其是发展中国家需要在电力电信互联网建设、线上线下渠道联动建设、支付清算体系建设、生物识别信息系统建设、信用数据共享与权益保护等领域制定可落地的指导政策，为数字普惠金融发展提供基础支撑。

（七）重视数字普惠金融客户识别、权益保护与知识普及

各国需要重视客户识别、权益保护与知识普及，在国家层面加强政策引导。客户识别方面，需要完善居民基础身份登记系统，建立安

全、规范、保护合法权益及隐私的客户信息共享机制，加强新兴生物识别技术、数字签名技术的推广和应用；权益保护方面，需要建立适应普惠金融发展需要的法律法规体系，明确普惠金融各方参与主体的权利与义务，形成对普惠金融消费者的权益保护机制，并在此基础上针对数字普惠金融的特点作出适当针对性的安排；在知识普及方面，需要引导全面提高民众的整体金融文化素养和科技素养，使社会各阶层都能融入数字普惠金融发展，实现国家"有能力"做好引导和监管，机构"有能力"提供服务，民众"有能力"享受服务。

（八）加强对数字普惠金融跟踪研究

随着金融科技的不断发展与进步，数字普惠金融的概念、形态、广度、深度必然与时俱进，不断地向更高的层次演进。因此，对于数字普惠金融，各国必须进行持续、开放的跟踪研究，通过丰富的业务实践探索来不断深化对数字普惠金融的理论认知，不断优化和完善对数字普惠金融的公共政策引导和支持。建议各国把对数字普惠金融的跟踪研究上升到国家公共政策层面，并研究发布适合本国国情和发展阶段的、根据实践检验动态调整优化的数字普惠金融指数体系，评估和引导本国数字普惠金融发展。

参考文献

[1] GPFI. 全球标准制定机构与普惠金融——不断演变的格局[R]，2016.

[2] 白当伟，汪天都. 普惠金融国际前沿趋势、重要成果与经验启示[J]. 国际金融，2018（2）：69-75.

[3] GPFI，G20. 二十国集团数字普惠金融高级原则[R]，2016.

[4] IMF，世界银行.巴厘金融科技议程——前言文件[R]，2018.

[5] 世界银行，中国人民银行.全球视野下的中国普惠金融：实践、经验与挑战[R]，2018.

[6] U.S. Department of the Treasury. A Financial System That Creates Economic Opportunities – Nonbank Financials，Fintech，and Innovation[R]，2018.

[7] APUS.印度互联网金融报告[R]，2018.

[8] 零壹财经.印度再次发布多项普惠金融新政[EB/OL]，https://www.01caijing.com/article/28489.htm.

[9] 未央网.印度央行发布多项普惠金融新政，涉及小微企业和农业等多个领域[EB/OL]，https://www.weiyangx.com/321042.html.

[10] 中国国务院.推进普惠金融发展规划（2016—2020年）[R]，2015.

[11] 中国人民银行，银保监会，证监会，国家发展改革委，财政部.关于进一步深化小微企业金融服务的意见[R]，2018.

[12] 中国银监会办公厅.关于2018年推动银行业小微企业金融服务高质量发展的通知[R]，2018.

[13] 中国人民银行，银保监会，证监会，财政部，农业农村部.关于金融服务乡村振兴的指导意见[R]，2019.

[14] 中国银保监会办公厅.关于2019年进一步提升小微企业金融服务质效的通知[R]. 2019.

[15] 中国人民银行.商业银行担保物基本信息描述规范，金融行业标准发布会在京召开[EB/OL]，http://www.pbc.gov.cn//goutongjiaoliu/113456/113469/3774420/index.html.

[16] 孙萍，张晓杰.公共政策的普适性与特殊性[J].行政论坛，2007（2）：38-40.

第六章 金融科技与金融法治的新变革

当前,金融科技已经渗透到金融实务的方方面面,必将对经济治理与金融法治产生影响。尽管目前各国由金融科技发展推动的金融法治变革尚在进行当中,但金融科技法治不断完善的趋势已初现端倪。我们梳理了近年来国内外金融科技法治发展情况,从总体的视角来研究金融科技发展对金融法治的影响。

一、金融科技发展推动金融法治变革

(一)迅速大幅改变金融市场格局,考验法治效力

法治对各项金融业务的关注度与覆盖面是存在差异的。金融科技迅速改变了金融市场格局,原有法治覆盖较少的金融业务,一旦成为主流金融业务,就会对法治框架本身形成挑战。金融服务作为社会生活的一个部分,是否能够有效嵌入线上应用场景成为是否能够得到客户使用的关键。金融科技先天的线上属性、技术属性在应用场景构建及嵌入方面有极大优势。主流互联网公司,掌控底层核心技术,并据

此建立支持社会各行业领域的、具备极强技术壁垒的基础技术平台，致力于成为全社会的信息化公共基础设施。大量应用场景构建于其上，且强者愈强。例如蚂蚁金服是基于阿里巴巴的电商应用场景而产生，微信支付是基于腾讯的社交应用场景而产生，先占据贴近客户生活的场景，再衍生金融服务的渠道进而提供金融服务产品。而传统金融机构一般专注于金融产品设计及服务交付，并不直接构建应用场景。在某些细分领域，例如零售电子支付领域，占据前端场景的金融科技公司掌握了服务渠道及数据获取的主动性，传统金融机构沦为了通道。

（二）风控从人控向机控转变，挑战监管抓手

传统的巴塞尔协议理念是将金融体系中的风险点梳理出来，并将这些风险点与具有人性的金融角色对应起来，而金融科技使由人控制风险向机器控制风险转变，对原有监管的着力点起到了釜底抽薪的作用。传统银行服务模式为客户线下申请并提供纸质材料，银行端人工核查客户信用资质及授信额度后面签放款，流程繁复、成本较高，风控效率低下使得商业银行只能服务少数高价值核心客群。随移动互联、生物识别、大数据、人工智能等新技术发展，数字化风控快速发展，尤其在个人零售业务领域取得广泛应用，风控覆盖度和时效性空白取得实质性突破，商业可持续性给予银行普惠业务驱动力，使得普惠金融成为现实。一是数字化风控线上全覆盖。数字渠道的广泛普及带来线下客群全面转化，欠发达地区和社会中低收入人群受益于移动互联及智能终端发展，进入金融服务视野，数字化用户画像更加完善清晰，云端借助云计算、大数据技术支撑海量客户高并发风控处理要求，银行风控边际成本降低，具备在风险可控、商业可持续、价格可

负担前提下服务更大范围中个人客户金融服务能力,推动普惠金融服务的有效供给。如多家银行推出线上贷款业务,包括浦发银行浦银点贷、广发的"E秒贷"、工行的"居逸贷"、建行的"快贷""手机快贷"和招行的"闪电贷"等,这些产品背后皆为数字化风控系统支撑。二是实时风控填补事中风控空白。流数据处理、机器学习等技术将金融交易事中风控由不可能变为可能,组合运用生物识别、客户画像、风险模型训练等生成风险规则,利用规则引擎反欺诈等建立了实时反馈的风控系统,为网络融资业务提供风险识别、额度授信、违约预测等风控支持。工行、中信等均已建立网络金融事中反欺诈系统,覆盖手机银行、网银、线上支付等渠道金融交易,可在数十毫秒以内完成风险检测,用户完全无感知。

(三)金融业务一体化联动趋向强化,呼唤监管变革

由科技串联起来的金融业务越来越多,原有主体监管可以解决的问题,随着金融科技供给侧的丰富,而导致局部出现监管真空。互联网公司等非金融机构公司从事金融科技行业有两类,一类是直接从事金融活动的金融科技;另一类是为金融机构服务的金融科技。从事金融活动的金融科技是发挥资金中介、信用中介或交易中介等功能的金融中介,而为金融服务的金融科技则是纯粹的金融服务外包或技术咨询、运维服务、托管服务。金融科技迅猛发展浪潮中,业务、技术由金融机构向互联网金融科技公司大量外溢,外包风险局面复杂化。一是银行"空心化"态势趋紧。为加快业务创新、降低成本,银行等传统金融机构特别是中小机构将金融业务流程标准化并拆分,甚至部分金融机构为规避监管约束,通过成立消费金融公司、租赁金融公司等

子公司进行业务拆分、体外转化，将大量关键业务、技术外包给金融科技公司，外包服务内容已突破传统系统开发、基础设施运维、数据录入操作等技术外包范畴，延展到核心业务托管、贷前信审、客户评级、营销导流等关键业务领域，使得金融科技公司成为以银行外包商身份掩护的"类担保公司"性质的准金融机构，而银行业务流程链条碎片化、复杂化，形成对第三方公司依赖并逐渐失去自身对系统、数据、业务的话语权，成为只剩下资金和牌照的"空心化"银行。金融业态规模快速膨胀，金融业务链条大幅延伸，导致外包风险广度深度进一步增加。二是准金融机构外包服务集中度风险增大。直接从事金融服务的金融科技公司往往具备轻资产、高创新的特点，可能在短时间内上规模成为事实上具备相当规模体量的"准金融机构"，成为系统性风险节点。如BATJ等大型互联网公司皆高举平台战略，已依托场景、技术、流量优势向大量金融机构提供金融业务及技术云平服务，平台整合上下游资源、形成融合生态圈。而这些外包服务提供商不是金融监管部门直接监管对象，监管合规存在空白，金融机构声誉、业务及技术风险受外包服务集中度影响大幅增加，监管难度及复杂度急剧上升。三是云服务有效监管难度重重。云计算技术应用改变了传统IT服务集中性特点，外包服务机房场地分散、数据分散、系统分散、虚拟化和计算资源动态分配等特征，给业务托管在云上的金融机构和监管部门对云上系统的可靠性评估和数据安全性验证带来很大技术难度，对外包服务的风险审计将变得更加困难。个别大型互联网公司将云数据中心建在国外，也给系统和数据所有权、控制权、监管权界定，数据跨境流动监管带来法律和技术挑战。

二、国外金融法治变革进展

美国、日本、欧洲作为传统的金融发达国家（地区），在金融科技领域起步早、发展快，其金融法治变革具有一定的代表性和参考价值。我们系统梳理了美国、日本和欧洲地区代表性国家金融科技发展推动金融法治变革的情况，并对美国[①]、日本[②]的金融法治变革情况进行了专题分析。本章重点分析欧盟、英国、德国的金融法治变革情况。

（一）欧盟

1. 关于数据保护

2018年5月25日，欧盟出台《通用数据保护条例》（以下简称"GDPR"），旨在使业界的数据保护规则适应当今和未来的数字化现实。在GDPR颁布后，无论是在创新和数据安全方面，还是在公民行使其新权利方面，业界都开始看到积极的趋势。

在推动出台GDPR的过程中，欧盟委员会做出了很多积极的努力。一是"同一个大陆，同一个法律"。虽然GDPR直接适用于欧盟的所有成员国，但某些领域仍需国家立法。目前欧盟仅剩希腊、葡萄牙和斯洛文尼亚尚未完成国家层面的数据保护立法，欧盟委员会正在敦促这些国家加快推动这项工作。同时，欧盟委员会也在审查成员国如何执行GDPR，防止在执行过程中出现偏差。二是欧盟委员会承诺公民对他们的数据有更多的控制权。欧盟通过立法赋予公民更多的权利，支持

[①] 详见本书上篇第七章"美国财政部金融科技专题报告研究"。
[②] 详见本书上篇第九章"日本金融科技政策述评"。

公民自主维护自身的数据安全。目前，越来越多的个人意识到保护数据的重要性，并正在行使这些权利；同时，一些非政府组织已开始利用法律，向数据保护当局和法院提起具有代表性的诉讼。三是欧盟委员会承诺让科技企业更容易遵守和支持有利于隐私的创新。GDPR对科技企业关于解决隐私和数据安全问题方面的新思路、新方法和新技术进行奖励，让隐私保护机制日益成为科技企业在市场中的竞争优势。四是欧盟委员会承诺强力而统一地执行这些规则。在应对违反新规则的行为方面，GDPR赋予欧盟数据保护机构强大的权力。新成立的欧洲数据保护委员会目前已登记了近450起欧洲各地的跨境数据保护案件。业界关于数据保护机构可能会成为制裁机器的担忧并未成为现实；相反，这些机构认为自己是科技企业与其他利益相关者的合作伙伴。

此外，在国际方面，全球在数据保护领域日益趋同。对于欧洲及其国际伙伴而言，这是一个双赢的局面。《欧盟—日本数据跨境充分性互认决定》使得欧盟与日本共同创造了全球最大的自由和安全的数据流动区域，体现了数据保护趋同的正面效应。在多边层面，欧盟委员会支持旨在建立不同系统之间的"数据桥"的倡议，这些系统基于强有力的法律和执法，共享相似的数据保护方法，已实现"数据基于信任而自由流动"。当前，GDPR已被全球视为欧盟对人工智能、机器学习、社交媒体或选举公平性进行响应的基础。

2. 关于数据自由流动

欧盟委员会于2017年9月提出了《非个人数据自由流动条例》，旨在充分释放欧洲数字经济和数字单一市场战略的潜力。该条例自2019年5月28日起生效。作为该条例的一部分，委员会被要求公布本条例与

GDPR之间相互作用的指引，特别是在由个人及非个人数据组成的数据集方面。

《非个人数据自由流动条例》与GDPR为数据处理提供了稳定的法律及商业环境。新条例禁止欧盟国家通过制定法律不合理地强制数据只能保存在本国境内。这是全球首个进行该项规定的条例。新条例增加了企业的法律确定性和信任度，使中小企业和初创企业更容易开发出新的创新服务，利用内部市场提供的最佳数据处理服务，跨国界拓展业务。

《非个人数据自由流动条例》与欧盟有关个人数据自由流动及可携性的现行条例相符并互补。一是确保了数据的跨境自由流动。新条例为整个欧盟的数据存储和处理设置了一个框架，防止了数据本地化限制。成员国必须将任何保留的或计划中的数据本地化限制通知欧盟委员会，后者将评估这些限制是否合理。这两项条例将共同发挥作用，使任何个人和非个人数据都能自由流动，从而为数据创造一个共同的欧洲空间。在混合数据集的情况下，保障个人数据自由流动的GDPR将适用于数据集的个人数据部分，而非个人数据自由流动原则将适用于非个人数据部分。二是确保数据可用于监管控制。公共当局将能够访问数据，以便在欧盟存储或处理数据的任何地方进行审查和监管控制。成员国可对未按照主管当局要求来提供存储在其他成员国数据的使用者进行制裁。三是鼓励在2019年11月底前制定云服务行为准则，促进客户在云服务提供商之间的转换。这将使云服务市场更加灵活，欧盟的数据服务更加廉价。

3. 关于提升金融体系的网络安全

当前，金融行业出现一些与网络风险相关的趋势：金融系统的紧密联系和复杂性产生了可以被网络攻击者利用的漏洞；攻击者对金融体系的运作方式有了更深入的了解；银行和金融市场基础设施（FMIs）难以找到具备抵御网络攻击所需技能和经验的员工；金融科技创新的应用早于人们对相关风险的充分理解。

2017年3月，欧盟批准了FMIs领域的欧元体系网络弹性①战略。该战略旨在为提高FMIs的网络弹性而实施《CPMI（支付与市场基础设施委员会）—IOSCO（国际证券委员会组织）指南》。该战略基于三个支柱："FMI的弹性""行业弹性"和"战略性行业与监管部门的对话"。在"FMI的弹性"方面，欧洲央行从2017年开始对欧盟的76个FMIs进行调查，以评估其网络弹性。此外，为促进《CPMI—IOSCO指南》的实施，欧洲央行于2018年12月发布了《网络弹性监管期望》（CROE），提出了三个不断增加的期望层次，以适应FMI的规模。

为了补充CROE，欧洲央行还开发了另一个工具：基于欧洲威胁情报的道德红队测试框架（TIBER-EU），旨在指导有关当局和金融机构开展基于威胁情报的红色团队合作，评估金融机构抵御网络攻击的能力。但由于金融体系具有高度的连通性，任何网络攻击都可能导致大面积扩散，因此测试单个FMIs或银行的弹性可能不够，于是引出了战略的第二个支柱"行业弹性"和第三个支柱"战略性行业与监管部门的对话"，通过鼓励合作来强化整个金融体系的网络弹性。未来，欧盟将持续监控IT和银行面临的网络风险，继续推动银行增强应对网络威胁的弹性和能力。

---

① 网络弹性，Cyber Resilience，用于衡量一个组织在遭受数据泄露或网络攻击期间，保持其业务正常运营的能力。

（二）英国

面对金融科技创新，英国金融行为监管局（FCA）致力于营造良好的外部环境：与金融生态系统互动，鼓励企业采用符合消费者利益的新方式开展业务，通过提供特定的监管支持，帮助具有创新商业模式的企业发展，并提供可以让它们的想法得到检验的沙箱。在合规科技方面，FCA举办了科技马拉松，以鼓励合作和新想法，观察并支持概念验证，以鼓励企业思考科技如何使它们更有效地合规。

FCA较为关注三个领域：国际参与、创新和监管科技。

1. 重视国际参与

在成为全球创新的倡导者方面，FCA提出并启动了全球金融创新网络，对企业在各国扩展新想法时进行指导。FCA的合规科技工作越来越全球化，这种国际化不仅包括公司和监管机构的国际参与，还包括将其科技马拉松的方法引入其他同样有兴趣激发新想法和观念的司法管辖区。FCA与新加坡金融管理局（MAS）、澳大利亚证券与投资委员会（ASIC）、美国金融业监管局（FINRA）、美国联邦存款保险公司（FDIC）达成了正式和非正式的知识共享安排，并担当了国际证监会组织（IOSCO）金融科技网络工作组的主席。根据未来的发展，FCA也将积极参与欧洲创新促进者论坛。

2. 积极激励创新

FCA在其认为将带来公共价值的市场领域积极激励创新。FCA相信创新有潜力为市场、消费者和社会带来最大的利益。FCA将绿色科技确定为优先事项，呼吁业界开发创新金融产品和服务，以帮助英国向绿色经济转型。FCA一直希望产生进一步创新的另一个领域是反洗钱和金融犯罪方面。一项重要的经验是，需要改进有关各方之间安全和合法地共享数据的方法，以便识别和阻止犯罪网络。之前的经验表明，FCA公开确定具体感兴趣的领域可以对科技发展产生积极的影响。FCA希望看到进一步的创新和进步。另外，通过沙箱，可以拥有潜在的创新主题，识别并呼吁前沿科技帮助解决长期存在的问题，FCA希望成为技术积极分子，而不是技术不可知论者。

3. 推进监管科技

FCA通过采用"监管科技"（Suptech）项目，以提高效率和有效性，从而与科技在其监管的市场和企业中引发的全面变革齐头并进。一是在FCA的整个组织中增加数据科学资源——将其从目前的手工作业式转变为核心能力，以广泛的技能和丰富的经验在组织内对其进行整合，而不是孤立地从事特定的职能。二是测试和开发新的工具，如在广泛的案例中应用网络采集和抓取、网络分析和自然语言处理。三是致力于改善由机构提供的有价值的公共及商业数据的流动及质量。四是从长远来看，将数据和分析能力结合起来，对主要市场进行近乎实时的监控，可以使其迅速识别危害，并遏制不当行为。

FCA认为，使其处于有利地位的不在于技能和架构，而在于态度和期待；乐于通过实验学习，并对未来充满好奇；乐于接受复杂性和模糊性，愿意参与各种各样的想法，并将它们带入组织中；愿意快速接受失败和快速学习，用容易实现的快速胜利平衡具有挑战的计划；把握前沿并积极进取，可以使FCA留住新技能人才。只有这样，FCA的科技和数据能力才能被诚实合规的人所尊重，被不法的人所畏惧。

（三）德国

1. 德意志联邦银行的总体态度

德意志联邦银行（Bundesbank）总体上对数字化持积极看法。成熟的银行、金融科技公司和其他企业都在将科技转化为创新。从经济角度看，这将在带来生产率的提高、增长，竞争力的提高，更强劲的经济发展势头及更广泛的繁荣的同时，也增强欧元的稳定性。德意志联邦银行作为监管机构，希望以一种建设性的方式监督这些发展，因为，它们最终可以为单个机构带来节约成本的机会和新的盈利潜力。当然，也要密切关注内在风险。

已经进入市场的新企业——主要是金融科技公司和大科技公司——它们通常提供组成银行服务流程（例如，客户引导流程或信用评分）的一个方面，或与银行合作提供技术支持流程（例如，移动支付或通用的云服务）。因此，金融行业的界限变得有些模糊。许多新参与者没有银行、金融服务提供商或支付机构的牌照，但它们可能以外包或其他合作方式，参与流程或市场结构的关键阶段。这一切都导致了更复杂的竞争格局和新的合作形式。当然，这种合作形式会带来新的和额外的风险。更普遍地说，这提出了一个问题，即法律框架能在多大程度上跟上金融业转型的步伐。

2. 长期建立的法律框架在很大程度上仍可保持不变，但要关注新情况

德意志联邦银行认为，尽管金融行业发生了许多变化，但长期建

立的法律框架在很大程度上仍可保持不变。这在很大程度上是由于德国和整个欧洲普遍采用的监管方式所决定的。这种监管方式规定，法律要求并不适用于特定类型的企业，而是适用于与金融监管机构所处理的风险直接相关的具体业务活动。这些规范仍然可以通过精准地观察企业的商业理念如何运行，以及如何与法律框架匹配，应用到创新产品和商业理念中。

制定抽象的要求和标准，而不是详细的技术规则，有助于确保监管框架的稳定性。在过去的几年里，IT要求已经变得更加多样化，定义也更加清晰，但即使这样，它们仍然是通用的。由于技术和应用随着时间的推移和各银行之间的不同而存在差异，因此需要在每种情况下都保持适用和具有指导意义的标准。

尽管如此，德意志联邦银行将考虑其监管框架是否仍然适用于金融行业的未来。因为一些通常不从事需要牌照的业务，但在整个系统中发挥重要作用的新企业加入了市场，金融行业边界变得模糊。除了基于实体的监管外，业界还应该讨论在多大程度上可以更密切地关注基于活动的监管。

因此，这就是为什么辩论不能脱离实际情况进行，而是要始终着眼于什么对于有效地解决关键风险是必要的。德意志联邦银行仍处于这场辩论的早期阶段。无论如何，基于实体的监管方法应不受影响。德意志联邦银行不能对如下领域给出界定，即一个机构对最终影响其自身服务的风险责任被解除的领域。这不仅从有效监管的角度，而且从规制的角度也会带来问题。

3. 德意志联邦银行希望的未来总体框架

欧洲已经开始对数字化带来的问题进行监管。展望未来，德意志联邦银行希望看到欧洲的利益相关者为数字化的总体框架设定正确的方向。一方面，跨境业务在数字时代将变得更加重要。在这方面，欧盟应把重点放在任何处于早期阶段的国家规制割裂上。这对欧洲在人工智能、区块链技术、视频识别甚至竞争法等领域的全球竞争力也很重要。另一方面，欧盟可以把目光放在加强单一金融市场以外的目标上。数字化带来的监管问题往往会产生更为深远的影响。例如，使用人工智能的框架也引发了伦理问题。欧盟的监管比较平衡，其他国家和司法管辖区已选择参照《欧盟通用数据保护条例》建立自己的项目模型。因此，欧盟最终可能在制定数字金融业规则方面发挥主导作用。

数字化即将使金融市场发生根本性的变革。所以监管机构不能妨碍或阻止发展。相反，塑造这些发展应该是立法者、监管者和市场参与者共同的任务。即使这些发展无法停止，数字化将最终成为金融业的目标。监管者可以通过以下行动鼓励并为这些发展提供支持：对其思考和处理数字化的方式，采取广泛和开放的态度；提高对风险随时可能变化和转移这一事实的认识；需要为未来的发展建立一个框架，该框架不会限制潜在的机会，同时能够适当地反映风险。

三、中国金融法治变革进展

中国金融科技发展对金融法治变革的影响主要体现在促进金融科技发展、防范金融科技风险、金融科技支撑金融业高质量发展三个方面。

(一) 促进金融科技发展

2015年7月,中国人民银行等十部委出台了《关于促进互联网金融健康发展的指导意见》,其中涉及金融科技的内容主要有:按照"鼓励创新、防范风险、趋利避害、健康发展"的总体要求,提出了一系列鼓励创新、支持互联网金融稳步发展的政策措施,积极鼓励互联网金融平台、产品和服务创新,鼓励从业机构相互合作,拓宽从业机构融资渠道,坚持简政放权和落实、完善财税政策,推动信用基础设施建设和配套服务体系建设;按照"依法监管、适度监管、分类监管、协同监管、创新监管"的原则,确立了互联网支付、网络借贷、股权众筹融资、互联网基金销售、互联网保险、互联网信托和互联网消费金融等互联网金融主要业态的监管职责分工,落实了监管责任,明确了业务边界;坚持以市场为导向发展互联网金融,遵循服务好实体经济、服从宏观调控和维护金融稳定的总体目标,切实保障消费者合法权益,维护公平竞争的市场秩序,在互联网行业管理,客户资金第三方存管制度,信息披露、风险提示和合格投资者制度,消费者权益保护,网络与信息安全,反洗钱和防范金融犯罪,加强互联网金融行业自律以及监管协调与数据统计监测等方面提出了具体要求。

(二) 防范金融科技风险

在防范金融科技风险方面,针对一些特定的问题,中国出台了若干专项法规。2009年3月,银监会[①]发布《商业银行信息科技风险管理

[①] 2018年3月13日,国务院机构改革方案将银监会和保监会合并为银保监会,对合并前银监会的行为仍沿用原称,以下不再一一指明。

指引》，目标是通过建立有效的机制，实现对商业银行信息科技风险的识别、计量、监测和控制，促进商业银行安全、持续、稳健运行，推动业务创新，提高信息技术使用水平，增强核心竞争力和可持续发展能力；2016年4月，国务院办公厅发布《互联网金融风险专项整治工作实施方案》，目标是规范各类互联网金融业态，优化市场竞争环境，扭转互联网金融某些业态偏离正确创新方向的局面，遏制互联网金融风险案件高发、频发势头，提高投资者风险防范意识，建立和完善适应互联网金融发展特点的监管长效机制，实现规范与发展并举、创新与防范风险并重，促进互联网金融健康可持续发展，切实发挥互联网金融支持大众创业、万众创新的积极作用；2016年4月，银监会发布《P2P网络借贷风险专项整治工作实施方案》，提出按照任务要明、措施要实、责任要清、效果要好的要求，坚持重点整治与源头治理相结合、防范风险与创新发展相结合、清理整顿与依法打击相结合，妥善处置风险事件，遏制网贷领域风险事件高发势头，维护经济金融秩序和社会稳定。

此外，中国出台的一些法规虽未专门指向金融科技风险防范，但部分涉及了该领域。2016年9月，银监会发布《银行业金融机构全面风险管理指引》，其中各类风险涵盖信用风险、市场风险、流动性风险、操作风险、国别风险、银行账户利率风险、声誉风险、战略风险、信息科技风险以及其他风险，并设置专门章节论述管理信息系统和数据质量；2017年11月，银监会发布的《中国进出口银行监督管理办法》和《中国农业发展银行监督管理办法》都提出要建立有效的信息科技风险管理机制。

（三）金融科技支撑金融业高质量发展

中国重视通过金融科技支撑金融业高质量发展，在通过金融科技促进三农金融和普惠金融发展方面出台了一系列法规。

对于"三农"金融，《关于推进基础金融服务"村村通"的指导意见》（银监会，2014.08）、《加强农村商业银行"三农"金融服务机制建设监管指引》（银监会，2014.12）、《关于做好2015年农村金融服务工作的通知》（银监会，2015.03）、《关于金融服务乡村振兴的指导意见》（中国人民银行等五部委，2019.01）等法规就发挥金融科技在提高"三农"金融服务水平方面的作用进行了引导和规范。

对于普惠金融，中国在小微企业金融服务、新消费、数字普惠金融等方面出台了较多法规，主要有《关于2015年小微企业金融服务工作的指导意见》（银监会，2015.03）、《推进普惠金融发展规划（2016—2020年）》（国务院，2015.12）、《关于加大对新消费领域金融支持的指导意见》（中国人民银行、银监会，2016.03）、《关于2018年推动银行业小微企业金融服务高质量发展的通知》（银监会，2018.02）、《关于进一步深化小微企业金融服务的意见》（中国人民银行等五部委，2018.06）、《关于金融服务乡村振兴的指导意见》（中国人民银行等五部委，2019.01）、《关于2019年进一步提升小微企业金融服务质效的通知》（银保监会，2019.03）等。

四、国内外金融法治变革述评

（一）国内外金融科技法治变革有所不同

国外金融科技相关法治多以具体领域法规为主，聚焦于金融科技的某一项业务或某一方面内容，具有"点"的特征。例如，欧盟针对数据保护、数据流动、金融体系网络安全的相关法规，以及日本针对虚拟货币的法案。中国金融科技相关法治相对更具有体系性，发布了诸多涉及性金融科技法规（"点"），也发布了专门针对金融科技风控的法规（"点""线"），还发布了全面规范金融科技发展的法规（"面"）。将国内外金融法治变革的差异与国内外金融科技发展情况放到一个框架内进行整体分析，可以从侧面佐证：良好并形成体系的法治是中国金融科技健康快速发展的重要因素。

（二）中国金融科技法治环境整体良好

经过多年的相互渗透、融合发展，金融科技目前已成为中国的金融主流业态。中国金融监管层对此予以高度重视，出台了若干专项性金融科技法规，内容涵盖整体促进互联网金融健康发展、信息科技风险管理、风险专项整治等方面，为金融科技的发展营造了良好的法治环境。随着金融科技的快速发展，相信未来将会有更多的专项性金融科技法规适时出台，中国金融科技法治环境将会不断优化。

（三）金融科技助力中国金融业高质量发展需要法治

与专项性金融科技法规相比，中国的涉及性金融科技法规数量更多、范围更广，体现了法治是金融科技助力中国金融业高质量发展的重要支撑。涉及性金融科技法规主要关注普惠金融、农村金融、消费金融、金融基础设施等领域，旨在通过法治规范，充分激发金融科技的正能量，提升金融业的生产力，在普惠性、包容性、可得性、商业可持续性等方面提高金融业的发展质量。未来中国应当进一步优化各类细分金融业务领域的法治环境，规范金融科技的应用和发展，充分发掘金融科技生产力，助力中国金融业高质量发展。

（四）鼓励创新与审慎风控法治平衡

专项性金融科技法规、涉及性金融科技法规都关注风险防控领域，表明中国对金融科技既鼓励创新又审慎监管，这是中国金融科技发展取得令人瞩目成就的重要原因。未来中国应当继续坚持这种监管取向，在通过法治有效防控风险的基础上，引导、规范和保障金融科技健康快速发展，在鼓励创新与审慎风控之间做好法治层面的平衡，始终保持中国在金融科技领域的领先优势。

参考文献

[1] 闫晗，陈天雨，边鹏. 美国财政部金融科技专题报告. 中国金融，2019（4），76–77.

[2] 亚太未来金融研究院. 欧盟委员会委员：对GDPR实施一年后的评估. 2019.

[3] 亚太未来金融研究院. 欧盟公布《非个人数据自由流动指引》. 2019.

[4] 亚太未来金融研究院. 欧央行执委：网络安全挑战及欧央行的应对之策. 2019.

[5] 亚太未来金融研究院. 英国FCA的监管变革. 2019.

[6] 亚太未来金融研究院. 德央行：数字时代的金融监管. 2019.

第七章 美国财政部金融科技专题报告研究

2018年7月31日,美国财政部发表金融科技最新专题报告《一个创造经济机遇的金融体系——非银机构、金融科技与创新》(A Financial System That Creates Economic Opportunities - Nonbank Financials, Fintech, and Innovation),这是目前为止美国政府关于金融科技的最新纲领性文件。这份文件放松了对金融科技的监管限制,致力于打造适合创新的政策环境,美国各界对该文件在激烈讨论中正在凝聚共识。我们认为美国已经从对现状的紧迫感提升至对产业政策的高度重视,对我国金融科技发展形成新的竞争压力。

一、报告出台背景

美国总统特朗普于2017年2月3日(特朗普上任执政第15天)颁布第13772号总统行政令——《规范美国金融系统的核心准则》(Core Principles for Regulating the United States Financial System),这是美国政府到目前为止唯一一份金融领域的总统行政令,目标是修正2010

年7月时任总统奥巴马颁布的金融监管改革法案《多德–弗兰克法案》（*Dodd-Frank Wall Street Reform and Consumer Protection Act*）。

这份金融科技专题报告就是美国财政部对特朗普13772号行政令做出的四份正式反馈报告中的最后一份。

二、报告的主要内容

报告的主要内容由以下四部分构成：积极鼓励数字化、数据与科技；调整监管框架以促进创新；更新特定活动规范条例；创建政策实施环境。

（一）积极鼓励数字化、数据与科技

一是放松金融领域数字化应用限制。财政部建议国会和联邦通信委员会（Federal Communications Commission，FCC）更新《电话消费者保护法》（*Telephone Consumer Protection Act*，TCPA）和《公平债务催收法》（*Fair Debt Collection Practices Act*，FDCPA）中的条款，使得金融机构可以使用自动电话对客户进行通知，并且在债务催收时可以使用数字化通信手段。

二是缩小数字鸿沟。财政部建议加强农村宽带基础设施建设，减轻由于基础设施不足导致人们无法使用数字化产品而造成的城乡分化问题。

三是增强用户数据安全。一方面，增强用户账户安全。财政部建议采用银行提供的API接口使得用户能够跨过金融科技公司直接登录银行信息系统，而银行只为金融科技公司提供用户的财务数据而不提

供用户的登录凭证。另一方面，增强财务数据安全。财政部建议国会制定全国范围统一的联邦数据安全和违规通知法，以保护用户财务数据，并及时向用户通报数据泄露情况。

四是构建数字身份系统。财政部建议金融监管机构及管理预算办公室（Office of Management and Budget）加强同开发数字身份产品的私人部门之间的合作，更多采用值得信赖的数字身份产品和服务，并支持在全国范围内全面实施数字身份系统。

五是使用云计算技术并关注机器学习与人工智能的应用。财政部建议金融监管机构对监管政策进行修改调整，以寻求促进金融机构在美国现有监管框架内更好地使用云计算技术，并支持对云计算技术应用有利的潜在政策。鼓励私营企业制定适合美国的标准以解决云计算技术的潜在风险。在机器学习与人工智能方面，尽管财政部列举了机器学习与人工智能应用的大量好处，政府也经常参加相关会议，但并没有给出实际的监管调整建议。

（二）调整监管框架以促进创新

一是协调各州金融科技相关法律。财政部支持采用示范法（Model Law）与全国多州许可制度（Nationwide Multistate Licensing System）协调各州金融科技相关法律，以有效减少各州法律法规之间不必要的不一致性，从而实现更高水平的协调，促进金融科技公司的发展。

二是批准美国货币监理署（Office of the Comptroller of the Currency，以下简称"OCC"）发放特殊目的国民银行牌照。财政部批准OCC考虑金融科技公司的特殊目的国民银行牌照（Special Purpose National Bank Charters）的申请。

三是协调银行—非银行合作伙伴关系。财政部建议银行监管机构应因地制宜地给出有关银行与非银行公司合作的监管指导意见,强调改进目前有关银行与非银行公司合作的监管指导意见的适用范围,以提高监管效率;以安全和审慎的方式实现创新。

(三)更新特定活动规范条例

一是制定即生效原则和真实贷方原则。财政部建议国会遵循制定即生效原则(valid when made)和真实贷方原则(银行才是真正的贷款人)制定相关法律,确立银行的贷款人地位不受银行与第三方公司(包括金融科技公司)之间的合作伙伴关系的影响。

二是电子抵押票据。财政部建议联邦住宅贷款银行(The Federal Home Loan Bank,FHLB)接受电子抵押票据。目前,FHLB的主要业务是为支持抵押贷款活动的成员机构提供担保预付款,而FHLB不接受电子抵押票据作为其成员机构获得预付款的合格抵押品。

三是电子和远程在线公证。财政部建议国会为电子和远程在线公证立法,制定统一的国家标准,促进贷款与财产数字化。

四是新的信用模型。财政部建议银行和非银行的金融机构建立新的信用模型,利用更多源的数据评估信用。同时,监管机构应调整自身的监管政策以适应时代的变化,便于银行和非银行的金融机构对新的信用模型进行测试。

五是用户数据保护。财政部建议联邦贸易委员会(Federal Trade Commission,FTC)和其他相关监管机构采取必要措施保护信用报告机构持有的用户数据,并评估国会是否需要在该领域进一步授权。

六是支付监管。财政部建议美联储牵头组织快速支付系统建立工作组与安全支付工作组（Secure Payments Task Force），以持续提高支付过程的安全性。此外，财政部考虑修改准则E（Regulation E，规定了网上支付的规范），以进一步增加电子支付的灵活性。

（四）创建政策实施环境

一是监管沙箱（Regulatory Sandbox）。财政部建议联邦和州的金融监管机构参考英国与新加坡的监管沙箱实例建立一个统一的监管沙箱系统，以便为创新的金融产品、服务与流程提供有针对性的宽松监管环境与试验平台。

二是技术研究项目。财政部建议国会立法授权金融监管机构与私人部门进行概念验证技术（proof-of-concept technology）的研究与开发。

三是多方合作。财政部建议金融监管机构在行业内进行多方合作，建立与用户的连接点。同时关注国际和国内的金融市场，以促进对其他国家金融科技技术的了解，并及时与合适的国家达成合作协议。

四是向国外学习并追求创新。财政部指出在金融科技数据监管和商业模式上应向包括中国在内的多个国家学习，同时应当对新兴技术保持持续关注，不断追求创新。

三、美国有关方面的反应

（一）各界共识——监管应为金融科技让路（back off）

美国各界普遍赞同当前的监管制度过于复杂与严格，且存在一定的不确定性，支持监管应为金融科技让路（back off）的观点。霍根·洛夫尔斯华盛顿律师事务所（Washington law firm of Hogan Lovells）的金融服务监管律师Ashley Hutto-Schultz先生认为："目前美国的监管结构让创新变得困难，例如，拥有新技术、想在全国范围内推出产品的金融科技公司必须在州一级分析风险及敞口。如果他们受州法律的约束，他们还必须建立相应的合规管理系统，以跟踪关于州法律和法规变化的最新情况。"换句话说，美国由50个不同的州组成，有50个不同的监管要求，这使得金融科技公司很难在美国各地进行创新。与此同时，当财政部试图制定鼓励金融科技创新的法律时，他们被指责超越了联邦政府的界限，侵犯了各州监管地方企业的权力。

（二）关于特殊目的国民银行牌照——行政执行迅速，监管反对强烈

OCC在报告发布后的几小时内就宣布开始接受金融科技公司的特殊目的国民银行牌照（Special Purpose National Bank Charters）的申请，并允许其向用户提供银行产品和服务。但是OCC没有界定持牌金融科技公司可以经营的业务范围及种类。后续讨论证实，持牌金融科技公司可以在有限的范围内进行支付业务的经营，但是OCC尚未就牌照是否适用于以虚拟货币为重点的业务作出最终决定。

然而，OCC接受金融科技公司的特殊目的国民银行牌照申请这一举动并未得到美国各界的一致认同。国家银行监督局（Conference of State Banking Supervisors，CSBS）总裁兼首席执行官John W. Ryan先生对这一决定发表声明。他说："OCC这一决定开创了一个危险的先例。OCC的行为已经超越了法律规定的权力行使范围，忽视了国会两

党的反对,给纳税人带来了新的风险。新的牌照相较于现有的国家消费者保护法有优先适用权,但是又没有与之相匹配的机制来取代该法律。它还使纳税人面临不可避免的金融科技失败带来的风险。"此外,纽约州金融服务局(New York State Department of Financial Services, NYDFS)局长Maria T. Vullo几乎在财政部与OCC发布公告后立即发表对此的反对意见,她说:"金融科技公司的特殊目的国民银行牌照显然没有得到国家银行法的授权,并且将把一个完全不合理的联邦监管政策强加于一个已经充分运作并且根深蒂固的州监管体系。"

(三)金融科技公司的看法——乐见监管放松,忧虑多头监管

美国的金融科技公司对财政部的这一份报告大多持谨慎乐观态度,他们认为在创造一个更具竞争力的环境,使创新能够蓬勃发展方面仍有许多工作要做。经营转账服务的TransferWise公司的银行业务主管Andrew Boyajian先生在一份声明中总结了公司的立场:"尽管不同的监管机构协调一致,努力简化并统一监管政策有助于金融科技公司的发展,然而我并没有看到美联储或财政部表示他们有权这么做,相反,我看到的是不同监管机构之间的紧张关系。"为银行提供账户服务的Chime公司的首席执行官Chris Britt先生说:"总的来说,我认为这些建议是变好第一步,对用户来说可能是积极的。希望它们将有助于为其他有利于用户的金融科技公司铺平道路,使它们在不受繁文缛节的监管政策下扩大规模。不幸的是,美国的支离破碎的银行监管制度总是会使金融服务的创新变得有些困难。"

（四）监管沙箱的正反两方观点

财政部关于监管沙箱的建议遭到了一些人的不公平批评，他们误解了监管沙箱的"意图"。人们的批评是，金融科技初创企业在监管之外获得了"免费通行证"。而事实正好相反，监管沙箱创建了一种环境，在这种环境中，金融科技创新的影响可以被监控和衡量。金融科技公司Fintech Forge总裁Jason Henrichs先生认为："监管沙箱的目的是尽早发现风险。这样，就可以在适当的时候实现风险管理工业化。"

四、报告的启示

（一）体现出美国当前在全球金融科技领域竞争方面的紧迫感，也体现出其对金融科技发展的高度重视

财政部建议金融科技数据监管及商业模式的学习对象中不仅包括英国、新加坡等发达国家，还包括中国、印度、肯尼亚等发展中国家，不难看出，美国财政部已经意识到在金融科技创新方面与中国等国家存在事实上的差距，政府落后感强烈。不仅如此，金融科技公司的创新受制于美国复杂的多头监管及法律制度，发展举步维艰，企业也有很深的挫败感。因此，美国社会掀起了对自身金融科技发展的讨论高潮。

（二）美国社会各界发展金融科技共识正在达成，整体合力正在积聚

第一，财政部批准OCC考虑金融科技公司的特殊目的国民银行牌

照的申请，OCC在报告发布后的几小时内就开始采取行动，宣布开始接受该牌照的申请。第二，财政部支持采用示范法与全国多州许可制度协调各州金融科技相关法律，以有效减少各州法律法规之间不必要的不一致性，进而减少各州法律不一致对金融科技发展带来的阻碍。第三，财政部鼓励金融机构与金融科技公司展开合作，促进金融科技的发展。第四，财政部还建议联邦和州的金融监管机构建立一个统一的监管沙箱系统，促进更多金融科技创新和应用的落地实施。尽管对于OCC发放特殊目的国民银行牌照这一举动国家银行监督局和纽约州金融服务局都表示了反对，但是我们可以看到反对中有共识，即反对的只是监管方式，而不是反对发展金融科技和为金融科技监管"松绑"。

五、对我国可能造成的影响及建议

（一）对我金融科技的发展形成新的竞争压力

美国已经认识到金融科技的重要性，从监管和法律层面给予金融科技创新适度放松，鼓励金融科技发展，希望重夺全球金融创新琅琊榜榜首。特别地，美国由于其监管与法律的可靠性强、执行效率高，如果做到各州的监管与法律统一并适度放宽，则会促进更多金融科技的创新。对我国而言，由于美联储加息、我国金融监管不断加强以及外部环境不确定性增大等原因，客观上形成金融科技创新的天平向美国倾斜的趋势。

（二）加固优势，加强合作，完善立法，知己知彼

加固优势，无论是从可持续发展还是从防风险角度来看，在国家层面出台金融科技全局性政策都已经迫在眉睫；加强合作，接住美国财政部抛出的橄榄枝，增强同世界大国在金融科技方面的战略黏性；完善立法，从美国金融科技相关立法得到启示，我国也应完善相应的立法实践；知己知彼，掌握美国金融科技产业政策，看清国际金融形势。

参考文献

[1] OCC Begins Accepting Applications for FinTech Charters [EB/OL]. Michael H. Krimminger, Derek M. Bush, Patrick Fuller, Pamela L. Marcogliese, Colin D. Lloyd & Knox McIlwain, 2018-08-09, https://www.clearyfintechupdate.com/2018/08/occ-begins-accepting-applications-fintech-charters/.

[2] The OCC Fintech Charter [EB/OL]. John W. Ryan, 2018-08-01, https://www.csbs.org/occ-fintech-charter.

[3] U.S. Treasury: Regulators should back off FinTech, allow innovation [EB/OL]. Lucas Mearian, 2018-08-15, https://www.computerworld.com/article/3297931/financial-industry/us-treasury-regulators-should-back-off-fintech-allow-innovation.html.

[4] US Treasury Urges Regulators to Back Off Blockchain and FinTech to Encourage Innovation [EB/OL]. 2018-08-18, https://good-stockinvest.com/index.php/2018/08/18/us-treasury-urges-regulators-to-back-off-blockchain-and-fintech-to-encourage-innovation/.

[5] We're A Long Way Off From The U.S. Being A Utopia For Fintech [EB/OL]. Sarah Kocianski, 2018-08-07, https://www.forbes.com/sites/sarahkocianski/2018/08/07/were-a-long-way-off-the-us-being-

a-utopia-for-fintech/#518c60c57607.

[6] Highlights And Recommendations From The Treasury's Report On Fintech [EB/OL]. Ron Shevlin, 2018-08-02, https://www.crnrstone.com/insightvault/2018/08/02/highlights-and-recommendations-from-the-treasurys-report-on-fintech/.

[7] Treasury Releases Report on Nonbank Financials, Fintech, and Innovation [EB/OL]. U.S. DEPARTMENT OF THE TREASURY, 2018-07-31, https://home.treasury.gov/news/press-releases/sm447.

第八章 英国央行金融科技进展述评

英格兰银行作为最早的中央银行,在信息技术的浪潮下,依然站在金融科技研究的最前沿,在全球范围较早开始倡导沙盒监管、开放银行、数字货币等金融科技相关创新。2019年英格兰银行"在确保货币和金融稳定的同时,促进创新,增强竞争力"的战略,明确金融科技是英格兰银行2019年的七大战略重点之一,英格兰银行对金融科技的态度是:积极拥抱金融科技,最大化金融科技的社会价值,并最小化金融科技的风险[①]。据此,我们比较分析了英、美、中和国际清算银行在相关领域的政策取向。

一、英格兰银行发展金融科技的情况

(一)英国金融科技中心的运行情况

金融科技中心由英格兰银行2018年推出,其前身是备受赞誉的金

---

① 2019年4月30日,英格兰银行负责金融科技的副行长Dave Ramsden在全球金融创新峰会(Innovate Finance Global Summit 2019)上发表了题为"拥抱金融科技"的演讲。

融科技加速器（Fintech Accelerator）。金融科技中心是英格兰银行拥抱金融科技的重器，汇集所有银行业务领域的专业知识来引领金融科技战略，广泛参与金融科技部门以了解行业趋势，并顺应趋势为金融创新提供支持。

金融科技中心2019年的工作包括：与财政部和金融行为监管局合作，探索英国在金融服务中使用加密资产和分布式账本技术的方法；与加拿大银行和新加坡金融管理局共同研究跨境支付的挑战；作为英格兰银行未来金融项目的一部分，探讨未来十年金融服务将如何演变；分析在开放银行和欧盟支付服务修订法案第二版（PSD2）的影响下，大型科技公司（Bigtechs）在金融服务中的潜在作用。

（二）支付

近年来，支付方式越来越数字化，支付中介随着电子货币机构和科技公司等新型参与者的加入而变得多元化。这种多元化促进了"金融业务分拆"——将金融服务活动和价值链分拆成若干环节。支付数字化可以促进竞争，并最终使消费者获益。由于英格兰银行在金融体系中的枢纽地位，其在支付数字化转变中发挥独特作用，包括更新自身软硬件基础设施，为私人创新提供平台以发展数字经济。

第一，英格兰银行正在升级自身实时总结算服务（RTGS），即英国的核心支付基础设施，目标是提供一个更强大、更具弹性、更灵活和创新的英镑结算系统，能够支持多种支付技术，如基于分布式账本技术的支付技术。

第二，英格兰银行正在与Pay.UK合作升级英国的支付系统，使其达到ISO 20022的报文标准。同时，英格兰银行正在加强国际合作，促进ISO 20022在全球范围内的协调，使跨境支付更便捷、更经济。

第三，英格兰银行正在更广泛地开放直接RTGS接入服务。目前已有5家非银行支付服务提供商接入RTGS，还有大约20家公司正在探索接入RTGS的可能性。

（三）金融业务分拆

新兴的商业模式可以将传统的金融业务分拆为单独的核心功能，如支付结算、期限转换和资本配置。

金融业务分拆带来的好处有目共睹。传统银行和挑战型银行通过部署先进的移动应用程序，支持客户管理财务、发起支付并协助制定预算；为了迎合零工经济的发展，初创保险公司通过提供个性化、定制化的保险产品，将传统的家庭保险与汽车保险相结合，供客户临时使用。

尽管金融科技可能有助于促进金融服务领域的竞争，但也可能导致一些金融创新游离于审慎监管之外。英格兰银行必须审视此类金融创新对金融稳定的影响，对通过审慎监管局（PRA）监管的银行和保险公司的影响，以及这些银行和保险公司的应对策略。这将是未来几个月金融科技中心和审慎监管局的一项重要工作。

（四）人工智能

人工智能有可能彻底改变工作和商业的本质。这将影响英格兰银行使命的各个方面：从劳动力市场的未来行为（通过对就业、生产率和工资的影响），到金融的未来属性（通过对服务、交易和风险管理的影响）。

金融业是首批大规模部署人工智能的行业之一。据德勤分析，金融业高管预计认知技术在未来2~5年内将成为主流。全球风险管理专业人士协会预计，80%的金融服务公司将应用该技术。该技术有望提高整个金融业的效率，包括更精简、更快和响应能力更强的操作。

金融科技中心和金融行为监管局对被监管金融机构的人工智能应用情况进行了首次调查。这项调查的目的是对金融服务的人工智能应用部署和准备情况进行了解，包括金融机构人工智能应用的先进程度，以及其应用场景。英格兰银行对这些情况的进一步了解将有助于制定合理的政策，为在金融领域安全、有效地部署人工智能提供支持。

二、对英国金融科技进展的评价

（一）英国不断践行其金融科技政策

2017年4月6日，英国财政部发布了题为《监管创新计划》（*Regulatory Innovation Plan*）的政府工作文件。这份文件对英国的四大金融服务监管部门，即英格兰银行（Bank of England）、审慎监管局（Prudential Regulation Authority，PRA）、金融行为监管局（Financial Conduct Authority，FCA）和财政部（Her Majesty's Treasury，HM Treasury）做出了明确的工作安排，并着重表明了英国政府对于金融创新的支持态度。文件中提道："（英国）政府的首要目标是确保监管适应并且促进（金融）创新，而不是限制或者抑制（金融）创新。"Dave Ramsden在演讲中再次重申了英国政府对金融创新尤其是以金融科技为代表的金融创新的态度,即英格兰银行一直都在努力保持处于金融科技浪潮的顶端,并在确保金融稳定的前提下,促进金融创新,增强金融生态的竞争力,最大限度地为社会创造新的机会,并不断降低风险。由此我们可以看出,英国作为国际金融中心,是此次金融科技浪潮的推动者之一,并不断践行其金融科技发展的早期政策,树立了英国在全球金融格局中的重要地位,为英国的生产力增长提供了重要推力。

(二)与美国金融科技的比较

2018年7月31日,美国财政部发表金融科技专题报告《一个创造经济机遇的金融体系——非银机构、金融科技与创新》。这份报告放松了对金融科技的监管限制,致力于打造适合创新的政策环境。Dave Ramsden在演讲中提到了英格兰银行倡导平衡监管和创新,说明英国同美国一样,也意识到了监管对金融科技创新的影响,需要通过适当地放松监管,来营造适合创新的环境。但Dave Ramsden也提到,英格兰银行2019年要加强与财政部和金融行为监管局的合作,制定英国在金融服务领域使用加密资产和分布式账本技术的方法;与加拿大央行和新加坡金融管理局一起研究跨境支付面临的挑战;分析在开放银行和PSD2的影响下,大型科技公司对金融服务的潜在影响。从中我们可以看出,英国当前在金融科技领域的关注点与美国存在不同,基于区块链技术的加密资产(包括但不限于数字货币)以及跨境支付、开放银行等将会得到更多的关注与研究,说明英国在金融科技发展方向上比美国更加清晰具体。

（三）与中国金融科技的比较

Dave Ramsden在演讲中提到了英格兰银行的金融科技中心未来关注的三个重点领域：支付、金融业务分拆和人工智能。

在支付方面，英格兰银行正在升级其实时总结算服务，并升级英国支付系统使其达到ISO 20022报文标准，以便为客户提供创新数据服务。这些举动可以说明英国在支付领域还处于基础设施建设的阶段。与其相比，中国的支付要遥遥领先。2017年，中国移动支付的消费达到14.5万亿元人民币，占GDP的16%；美国、印度和巴西紧随其后，移动支付的消费占GDP的0.3%～0.6%；英国则更少。

在金融业务分拆方面，Ramsden提到新兴的商业模式可以将传统的金融服务活动分解为单独的核心功能，使银行能够为客户提供体验更好、更个性化的产品，而这与中国的开放银行思想类似，旨在打造无处不在的银行服务模式。

在人工智能方面，Ramsden提到人工智能技术有可能会影响金融服务的本质，这也是中国乃至全世界的共识，人工智能能够提高整个金融业的效率。此外，金融科技中心和金融行为监管局首次联合调查金融机构的人工智能应用情况，了解银行在部署人工智能方面的先进程度以及具体是将什么技术或模型应用于其业务线，这将有助于英格兰银行制定政策，支持在金融领域安全而有效地部署人工智能技术。从中可以看到，英国金融业在积极拥抱人工智能的同时，也在关注人工智能可能带来的风险，比如人工智能模型过于复杂、不可解释等。只有充分了解人工智能模型如何部署，才能更好地制定监管政策，进而使人工智能得到更好的应用。

（四）与国际组织的比较

国际清算银行（BIS）在2019年4月发布的工作论文《大型科技公司和金融中介结构的变化》（*BigTech and the Changing Structure of Financial Intermediation*）中着重阐述了大型科技公司进入金融服务领域对现有金融体系可能带来的影响，这与Ramsden在此次演讲中提到的英国央行未来要分析大型科技公司在金融服务中的潜在作用不谋而合。这说明英国意识到了大型科技公司在未来将是影响金融服务，甚至颠覆金融体系的重要力量。

三、政策启示

（一）金融科技的发展与监管需要多部门协同

英国的四大金融服务监管部门（英格兰银行、财政部、审慎监管局、金融行为监管局）紧密合作，对金融科技领域某些技术的应用进行深入探讨与研究，如区块链等，能够避免监管真空，易于形成合力，已经取得一定实效。这种跨部门协同的做法值得我国在制定金融科技发展规划时吸收借鉴。我国在监管金融科技时可以采用监管资产管理业务时的办法，央行、银保监会、证监会以及外汇管理局形成合力，共同对金融科技应用中某些重点问题进行深入分析与研究，有效缓解新技术发展对金融体系带来的新风险。

（二）国际合作与开放思维有利于金融科技的实践

英国具有较深厚的金融历史传承，但其在发展和监管金融科技时，秉持开放思维，积极与加拿大、新加坡等国开展国际合作，既吸收各国创新成功经验，也提前预防其他国家金融科技已经出现的风险。在中国金融开放不断向更高水平迈进的过程中，也应积极吸收国际上发展金融科技的优秀经验，并深入研究出现的风险，从监管层面加强国际合作，共同探索鼓励金融科技发展的新举措以及管控金融科技风险的新办法。

（三）对重大技术创新开展专题调研

英国充分重视金融科技创新可能造成的重大影响，央行联合监管机构对辖域金融单位开展人工智能专题调研，有利于在新技术条件下，对金融科技冲击传统金融体系的影响作出全面和前瞻性的判断。由于金融科技是技术驱动的金融创新，与传统金融不同，技术变化快、创新强等特征使得技术发展对金融科技的风险有重大影响，因此，我国也应对重大技术创新开展专题调研，实时跟踪研判其动态变化对金融科技乃至整个金融体系的影响。

第九章　日本金融科技政策述评

日本作为一个金融业高度繁荣的发达国家，较为重视金融科技的应用和发展。近年来，日本对金融科技相关法规进行修订，涉及《银行法》和虚拟货币征税方式、虚拟货币相关法规等方面。这些政策变化可为我国金融科技政策的优化和完善提供一定的参考。

一、法规的修订情况

（一）《银行法》的修订

2016年5月，日本对《银行法》进行了部分修订（2017年4月起实施），允许银行在获得监管部门审批后，对有助于提升银行效率、改善用户服务的"银行业等高度化公司"（即金融科技公司）进行出资。审批采用个别批准的方式，审批的条件主要包括集团的财务健全性合格、出资后对该银行业务以及关联性较强的其他银行不会带来过高的风险波及、不会因出资行为造成滥用职权和利益冲突、出资将使集团提供的金融服务得以扩大或带来扩大的机会。具体出资比例根据风险隔离有效性、被出资企业的业务内容和风险、银行持股公司出资还是银行直接出资等方面的不同而不同。

2017年5月，日本又对《银行法》进行部分修订，对"中间业者"的业务进行了规范（2018年6月起实施）。中间业者指处于用户和银行之间、从事接受用户委托使用IT技术传达清算指令并从金融机构处获得账户信息提供给顾客的机构。对于电子清算等代理业者，启用登录制度、强化用户保护；对于业务合同，明确对客户损失进行赔偿的责任分担、采取有效管理措施保护客户的信息安全；对于金融机构，制定并公布与电子结算代理业者的签约标准（对满足标准的企业，禁止无故进行差别对待）；制定并公布与电子结算代理业者的合作、互助方针；要求引进OPEN API，使电子清算代理业者无须进行数据爬取就能进行业务操作。

（二）虚拟货币相关法规的修订

受到国际上关于防止虚拟货币流向恐怖主义的舆论以及2014年世界最大规模（当时）的比特币交易商MTGOX破产的影响，监管部门认为有必要在相关法律中增加反洗钱、防止对恐怖主义提供资金、增强用户保护等内容。

2016年5月，日本对《资金结算法》进行了部分修订（2017年4月起实施），明确了《资金结算法》中关于虚拟货币的定义，完善了对虚拟货币交易平台等虚拟货币交易商的规范，并且为了防止洗钱和对恐怖主义提供资金，修改了《犯罪收益转移防止法》。此外，日本对虚拟货币的转让自2017年7月起停止征收消费税,同年8月,明确使用虚拟货币产生的收益应征收所得税。

2017年4月后,发生了"准虚拟货币交易商"引发的大额虚拟货币流失案。为了探讨如何从制度上应对这些问题,2018年3月,日本金融厅设立了"虚拟货币交易业研究会",开始对下列问题进行探讨。一是对虚拟货币交易业务的监管,涉及强化客户财产的管理和保护、确保业务的正常运行、如何对待有问题的虚拟货币。二是对虚拟货币派生交易的监管,涉及是否需要引入对派生交易、信用交易的规定,设置正式启用规定前的暂行监管措施。三是关于ICO(初次代币发行)的监管,涉及ICO具有怎样的金融功能,是否需要进行限制。四是对Wallet机构(指仅对虚拟货币进行管理而不涉及买卖的机构)、虚拟货币的不公正现货交易是否需要进行监管。

研究会经过11次审议,于2018年12月21日发布了报告,根据报告内容制作的修正法案于2019年3月15日提交国会。

一是对虚拟货币交易商相关问题的处理。对虚拟货币流失风险的处置,要求交易商必须保持其净资产额和可偿付资产(同种、同量以上的虚拟货币)高于线上密钥管理的客户虚拟货币相当的金额;落实制度,将客户的虚拟货币偿付请求权规定为优先偿还对象;要求必须公开财务数据。为确保业务的正常开展,要求必须公开交易价格信息;禁止投放助长投机交易的广告、营销。对存在不利于保护客户及业务正常开展的风险虚拟货币予以禁止;变更经营的虚拟货币前需要事先备案。

二是对虚拟货币保证金的处理。首先,要求与外汇交易一样,适用禁止未经要求的营销等行业规则；根据虚拟货币的价格变化实际情况，设定合适的保证金倍率上限。其次，还根据虚拟货币的特征，要求交易商有义务对虚拟货币特有的风险进行说明并设定最低保证金。最后，因为虚拟货币的保证金交易同样具有现实货币交易的功能和风险，因此适用同样的规定。

三是对ICO的处理，对具有投资性质的ICO，报告明确将以虚拟货币为出资货币的募集行为作为监管对象；结合标的物流通性的高低和投资风险，制定若干规定。开展ICO的机构，有义务提供关于业务可行性相关的信息。

四是对虚拟货币不公平现货交易，对违法行为、散布不实消息、价格操纵等行为一律禁止；虚拟货币交易商有义务进行交易审查，不允许利用未公开信息牟取利益。相关的行业规定同样适用于虚拟货币交易商在客户虚拟货币管理时的行为。

为了保护用户和确保业务的正常开展，日本对关于虚拟货币交易商的法规进行修订：交易商为了快速完成交易，可将受托虚拟货币的一部分通过Hot Wallet（电子钱包）进行管理；在这种情况下，必须采取强有力的安全措施，并且交易商应当制订、公布发生资产流失时的偿还方案，保持与Hot Wallet管理的受托虚拟货币等值或更多的净资产和可偿还资产（同种、同量以上的虚拟货币）。

二、法规的未来优化方向

此前，日本的金融法规基本上是按照业态来划分体系的。为了促进金融科技创新、提升金融服务水平，同时也是为了保护客户权益、创造公平的竞争环境，日本正在研究建设"按功能区分的、横断型的金融法规体系"。

未来，日本将在"同种机能、同种风险应该适用同样的规则"这一原则下，尝试构筑一个横断式的、灵活的金融法规框架。例如，在结算方面，按照每种服务和业务框架对相关法律进行调整。

日本对金融法规进行优化的目的在于同时实现鼓励创新和有效监管。当新型金融科技和金融服务出现时，相关法规应该足够灵活而不对金融创新形成障碍，同时也要防止出现监管套利的漏洞。

此外，日本正在密切关注加密资产的发展和监管。在日本大阪举行的二十国集团（G20）领导人第十四次峰会通过了一系列FATF（反洗钱金融行动特别工作组）建议，要求各国对其境内的加密资产交易进行监管。目前，日本正在开展国际合作，准备构建一个类似SWIFT的受监管的全球加密货币转移与交易网络，计划在近几年内完成。

三、启示与建议

（一）推进金融科技的应用和监管

日本允许银行对"银行业等高度化公司"（在中国一般称之为金融科技公司）进行出资，并对银行、资金结算、虚拟货币等方面法规进行修订，促进和规范金融科技的应用，体现了日本推进金融科技的应用和监管的态度。中国已有众多商业银行成立金融科技子公司，在推进金融科技应用方面较为积极；但中国商业银行仍无法像美国大银行（如摩根大通）一样直接跨界投资收购金融科技公司，中国《商业银行法》第四十三条规定："商业银行在中华人民共和国境内不得从事信托投资和证券经营业务，不得向非自用不动产投资或者向非银行金融机构和企业投资，但国家另有规定的除外。"日本通过修订相关法规来推进金融科技的应用和监管的做法，可以作为中国发展金融科技的参考，特别是通过立法有条件地允许大银行并购融合小型金融科技公司的做法。

（二）平衡金融科技的创新和风险

日本推动建设"按功能区分的、横断型的金融法规体系"，旨在"同时实现鼓励创新和有效监管"。这种平衡创新和风险的监管思路值得中国借鉴。一方面，金融科技是未来金融业的发展方向，中国必须采取积极的措施最大化地发挥金融科技的支撑和引领作用，引导和鼓励金融创新；另一方面，金融科技的本质仍然是金融，风险仍然是其固有属性，而且这种风险因为科技的放大作用而更易于扩散，必须在金融创新的产品设计、业务流程、监管规范等方面做好规则约束和科技防控。中国在推进金融科技创新时，建议适度包容、鼓励创新，同时又要有效监管、防范风险，引导金融科技创新健康、有序、快速发展。

（三）确保竞争环境和监管环境的公平

日本推动金融法规优化的"同种机能、同种风险应该适用同样的规则"原则和"创造公平的竞争环境""防止出现监管套利的漏洞"目的，体现了金融科技公平竞争和公平监管的思维。出于金融稳定的考虑，中国对商业银行等传统金融机构历来施以相对严格的监管政策，这在一定程度上对传统金融机构的金融科技创新形成制约，影响正规金融体系在金融科技领域的发挥；相比之下，金融科技公司由于不是传统的金融机构，创新环境更为宽松（存在一定的监管套利），通过数字科技向金融行业逆向渗透，更易于在金融科技领域形成先发优势。中国金融监管政策未来需要向鼓励和规范金融科技创新的方向发展，应当营造公平的竞争环境和监管环境，进一步突出技术中性和适度监管包容，促进公平竞争，防止监管套利，引导传统金融机构和金融科技公司发挥各自的优势，在金融科技领域形成互补与良性竞争，实现金融科技可持续发展。

（四）重视客户权益的保护

日本对《银行法》和虚拟货币相关法规的修订都涵盖了加强客户权益保护的内容。金融科技是把双刃剑，在为客户提供便捷高效、体验良好的金融服务的同时，也放大了客户资金安全、信息隐私等权益受到损害的风险。中国需要建立适应金融科技发展需要的法律法规体系，明确金融科技创新中各方参与主体的权利与义务，同时深化监管科技应用，建立安全、规范的客户权益保护机制，充分保障客户的资金安全、信息隐私等合法权益，尤其要加强对"科技弱势客户"群体（如中老年客户）权益的保护。

（五）关注金融科技的前沿动态

日本密切关注加密资产的发展和监管，并正在开展国际合作以建立受监管的全球加密货币转移与交易网络。这表明，日本对金融科技的前沿动态持续关注并快速跟进。金融科技发展一日千里。近期，Facebook发布区块链加密数字货币Libra白皮书，引起全球关注；G20大阪峰会倡导推广人工智能（AI），得到广泛响应。中国应当进一步加强对金融科技前沿动态的关注，引导、鼓励和规范前沿金融科技的应用，同步做好监管跟进，使中国在金融科技领域保持领先优势。

中 篇

全球系统重要性银行金融科技指数评估2019

第十章　全球系统重要性银行金融科技能力评估研究

一、引言

金融科技是技术驱动的金融创新，旨在运用现代科技成果改造或创新金融产品、经营模式、业务流程等，推动金融发展提质增效（金融稳定委员会，FSB，2016年）。中国人民银行《金融科技（FinTech）发展规划（2019—2021年）》指出，在新一轮科技革命和产业变革的背景下，金融科技蓬勃发展，人工智能、大数据、云计算、物联网等信息技术与金融业务深度融合，为金融发展提供源源不断的创新活力。坚持创新驱动发展，加快金融科技战略部署与安全应用，已成为深化金融供给侧结构性改革、增强金融服务实体经济能力、打好防范化解金融风险攻坚战的内在需要和重要选择。

作为金融与科技深度融合的产物，金融科技为商业银行带来前所未有的机遇与挑战。全球系统重要性银行（Global Systemically Important Bank，G-SIBs）由于"业务规模较大、业务复杂程度较高、一旦发生风险事件将给地区或全球金融系统带来冲击",其在金融科技方面的发展情况需要予以关注。随着金融科技发展的日趋深化,有必要通过编制科学、可信的金融科技指数,对G-SIBs在金融科技方面的发展水平进行评估。

当前,已有诸多机构和学者开展金融科技评估方面的研究,并取得了一些成果。腾讯研究院和中国人民大学统计学院合作成立的国家数字竞争力指数研究课题团队以国家竞争优势理论为基础,将焦点从经济领域转移到数字领域,以新时代的观察角度建立国家数字竞争力体系,从数字基础设施、数字资源共享、数字资源使用、数字安全保障、数字经济发展、数字服务民生、数字国际贸易、数字驱动创新、数字服务管理、数字市场环境等十个要素展开,构建了一套国家数字竞争力指数,较为全面地评估全球主要国家的数字竞争实力,研判中国数字竞争力在全球的地位,并重点对比分析中美数字竞争力的差距及影响因素;2018年10月,金融科技投资公司H2 Ventures与毕马威金融科技联合发布2018 Fintech 100名单,对全球金融科技公司进行了评估和排名;2018年11月,浙江大学互联网金融研究院司南研究室、剑桥大学新兴金融研究中心、浙江互联网金融联合会、杭州铜板街互联网金融信息服务有限公司发布《2018全球金融科技中心城市报告》,提出全球金融科技中心指数(Global Fintech Hub Index,GFHI),从企业、用户和政府三大市场参与主体出发,以城市为单元开展金融科技评估;北京大学数字金融研究中心课题组于2016年7月研究提出了"北京大学数字普惠金融指数(2011—2015年)",中国社会科学院产业金融研究基地(RBIF)、国家金融与发展实验室(NIFD)金融科技研究中心于2019年1月发布了《数字普惠金融视角下的金融科技发展评估》，都从数字普惠金融的角度对金融科技进行评估。但是，目前暂未发现在微观层面针对商业银行（尤其是大型商业银行）开展金融科技指数评估的研究成果。

本文面向金融稳定委员会（FSB）2018年发布的29家全球系统重要性银行（G-SIBs），在设计系统、分层的金融科技指标体系基础上，通过无量纲化评分模型对各项指标进行评分，采用主客观相结合的层次分析法（Analytic Hierarchy Process，AHP）赋权模型对各项指标进行赋权，从研发、推广、应用、投入、影响、基础、风控7个方面构建G-SIBs金融科技指数，对G-SIBs金融科技能力进行微观评估，比较并分析各银行、各国、各地区金融科技发展情况，以此建立全球视野下的金融科技研究和分析框架，探索金融科技未来趋势，研究提出相关对策建议，可以填补该领域的研究空白，具有一定的理论意义、实践意义、创新意义。

二、G-SIBs金融科技指数评估的理论基础

金融科技能力属于企业竞争力的一个分项，企业竞争力评价相关理论适合用于构建G-SIBs金融科技指数评估的理论基础。当前企业竞争力评价领域的主要理论有核心竞争力理论、波特菱形理论、波特价值链分析模型、战略管理理论、产业竞争力理论、组织记忆理论等。其中，核心竞争力理论聚焦于构成企业竞争力的最为重要的具体中、微观要素，从"管理能力""技术能力""组织能力"三个方面刻画企业竞争力，强调"资源和能力""竞争力""核心竞争力"三个相互影响的层面，相较而言更适用于对G-SIBs金融科技能力进行微观评

估。因此，本文选择核心竞争力理论作为构建G-SIBs金融科技指标体系的基础理论。

核心竞争力理论认为，核心竞争力主要包括以下三种要素。

（1）管理能力。管理能力首先是企业的战略管理能力，它是企业发展的目标定位，是对核心竞争力进行全过程管理的统领。其次是对人力资源的科学管理，是员工的技术专长、创造性解决问题的能力、管理层的领导能力和洞察能力、管理技巧和团队精神等企业特有知识的凝结。最后是企业的信息管理能力，信息系统的状况会直接影响到企业核心竞争力的培育、更新和竞争优势的保持。对于商业银行而言，战略管理、人力资源管理、信息管理直接作用于企业最核心的盈利及风控指标，如净利润、资产回报率（ROA）、净资产收益率（ROE）、不良贷款率、资本充足率等。只有科学的战略、丰富的人才以及先进的信息系统，商业银行才能在正确的道路上走得更远，进而在风险可控的同时最大化自身的商业利益，不断提升其核心竞争力。

（2）技术能力。技术能力是指企业开发和应用新技术的能力，是通过获得、选择、应用、改进技术以及长期的技术学习过程培育、建立起来的。对于商业银行而言，技术能力不仅体现在新资本设备等有形资产上，更重要的是体现在对银行核心技术体系的研发上，它是银行自身特有的、不易为外界模仿的稀缺性技术资源的能力。此外，银行技术能力还包括其金融科技的应用，利用现有的主导设计、核心生产技术，不断推出新的产品，进行层出不穷的应用创新。技术能力是商业银行培育核心竞争力的一个重要突破口。

（3）组织能力。组织能力指企业组织资源的能力，即企业配置资源与整合资源的综合能力。对于商业银行而言，具有组织能力优势，能够将银行原本拥有的资源、知识和能力转化为对银行新产品及服务的市场推广。此外，银行的组织能力越强，对资源的优化配置就越灵活，其在对外投资并购与自身组织融合方面就会越便捷，效率也会越高。银行的核心竞争力深深扎根于组织之中，必然依赖组织能力，组织能力强的银行，特别是已经上市的银行，自身能力能够被公众充分了解与认知，其在影响力方面也越突出。

根据核心竞争力理论三要素，即"管理能力""技术能力""组织能力"，本书从研发、推广、应用、投入、影响、基础、风控7个方面构建G-SIBs金融科技指数（见图1）。

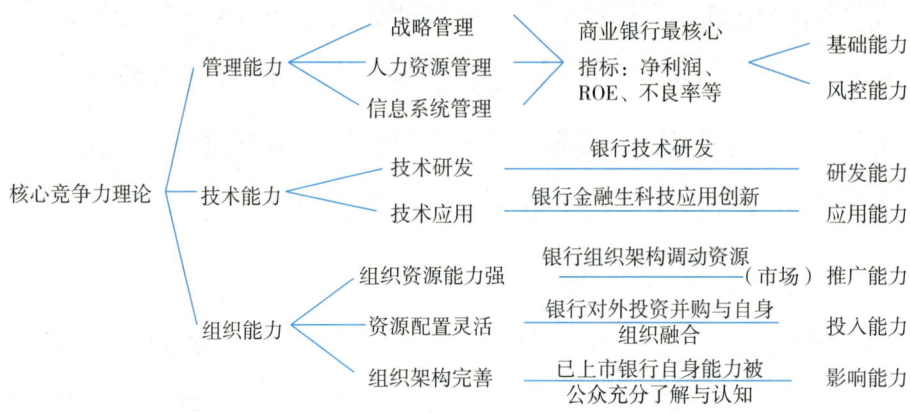

图1　G-SIBs金融科技指数评估的理论基础

三、基于层次分析法的G-SIBs金融科技指数设计

（一）指标体系的构建

基于金融科技能力评估的需要，在研究资源允许的范围内，综合

考虑全面性、代表性、科学性、可操作性和时效性，本书分层次设计了两级金融科技指标体系，如表1所示，以此作为全球系统重要性银行金融科技能力评估的基础。

表1　　　　　　　　　G-SIBs金融科技指标体系

目标层	一级指标	二级指标
金融科技能力（I）	研发能力（I_1）	专利数（I_{11}）
		专利集成度（I_{12}）
		核心技术专利（I_{13}）
		研究经费（I_{14}）
		企业经费（I_{15}）
		互联网情感评分（I_{16}）
		研究经费占比（I_{17}）
	推广能力（I_2）	手机银行用户数（I_{21}）
		银行员工数（I_{22}）
		总营业额（I_{23}）
		年度总利润（I_{24}）
		手机银行用户数与总用户数之比（I_{25}）
		手机银行用户数与银行员工数之比（I_{26}）
		员工平均创造利润（I_{27}）
		员工平均营业额（I_{28}）
		Alexa排名值（I_{29}）
	应用能力（I_3）	线上信贷产品数（I_{31}）
		线上财富管理产品数（I_{32}）
	投入能力（I_4）	金融科技公司股权投资次数（I_{41}）
	影响能力（I_5）	搜索引擎1词条数（I_{51}）
		搜索引擎1资讯数（I_{52}）
		搜索引擎2词条数（I_{53}）
		搜索引擎2资讯数（I_{54}）
	基础能力（I_6）	资产规模（I_{61}）
		净利润（I_{62}）
		净利润增长率（I_{63}）
		资产回报率（I_{64}）
		净资产收益率（I_{65}）
	风控能力（I_7）	一级资本（I_{71}）
		不良贷款率（I_{72}）
		资本充足率（I_{73}）

（1）研发能力（I_1）。研发能力（I_1）指标体系由专利数（I_{11}）、专利集成度（I_{12}）、核心技术专利（I_{13}）、研究经费（I_{14}）、企业经费（I_{15}）、互联网情感评分（I_{16}）、研究经费占比（I_{17}）7项指标构成。7项指标均为正向指标，指标统计值越高，代表金融科技研发能力越强。

（2）推广能力（I_2）。推广能力（I_2）指标体系由手机银行用户数（I_{21}）、银行员工数（I_{22}）、总营业额（I_{23}）、年度总利润（I_{24}）、手机银行用户数与总用户数之比（I_{25}）、手机银行用户数与银行员工数之比（I_{26}）、员工平均创造利润（I_{27}）、员工平均营业额（I_{28}）、Alexa排名值（I_{29}）9项指标构成。其中Alexa排名值（I_{29}）为反向指标，指标统计值越低，代表金融科技推广能力越强；其余8项指标均为正向指标，指标统计值越高，代表金融科技推广能力越强。

（3）应用能力（I_3）。应用能力（I_3）指标体系由线上信贷产品数（I_{31}）、线上财富管理产品数（I_{32}）两项指标构成。两项指标均为正向指标，指标统计值越高，代表金融科技应用能力越强。

（4）投入能力（I_4）。投入能力（I_4）指标体系由金融科技公司股权投资次数（I_{41}）1项指标构成。该指标为正向指标，指标统计值越高，代表金融科技投入能力越强。

（5）影响能力（I_5）。影响能力（I_5）指标体系由搜索引擎1词条数（I_{51}）、搜索引擎1资讯数（I_{52}）、搜索引擎2词条数（I_{53}）、搜索引擎2资讯数（I_{54}）4项指标构成。4项指标均为正向指标，指标统计值越高，代表金融科技影响能力越强。

（6）基础能力（I_6）。基础能力（I_6）指标体系由资产规模（I_{61}）、净利润（I_{62}）、净利润增长率（I_{63}）、资产回报率（I_{64}）、净资产收益率（I_{65}）5项指标构成。5项指标均为正向指标，指标统计值越高，代表金融科技基础能力越强。

（7）风控能力（I_7）。风控能力（I_7）指标体系由一级资本（I_{71}）、不良贷款率（I_{72}）、资本充足率（I_{73}）3项指标构成。不良贷款率（I_{72}）为反向指标，指标统计值越低，代表金融科技风控能力越强；其余两项指标均为正向指标，指标统计值越高，代表金融科技风控能力越强。

在7项一级指标中，研发能力（I_1）、推广能力（I_2）、应用能力（I_3）、投入能力（I_4）、影响能力（I_5）为与金融科技能力直接相关的指标，构成金融科技指数的主体，直接测度G-SIBs金融科技能力；基础能力（I_6）、风控能力（I_7）为与金融科技能力间接相关的指标，辅助测度G-SIBs金融科技能力。

（二）指标数据的获取

本书数据由中国建设银行研究院通过开源情报[①]采集，主要包括直接获取和专项采集两种方法。绝大部分指标数据由各银行2018年年报、各银行官网、各国（地区）专利管理部门等渠道利用人工智能、网络爬虫、机器学习、自然语言处理、情感分析等技术获取。

G-SIBs金融科技各项指标含义及数据来源详见表2。

---

① 开源情报，即公开获得的情报，是智库等研究机构所利用的情报类型之一。

表2　　　　　　　　　　G-SIBs金融科技指标含义及数据来源

一级指标	二级指标	指标含义	数据来源
研发能力（I_1）	专利数（I_{11}）	各银行申请的专利数量	各国专利管理部门（中国国家知识产权局、美国专利商标局、日本特许厅、欧盟专利局、法国专利局、加拿大知识产权局）
	专利集成度（I_{12}）	各银行在给定专利分类（IPC分类，共76项）上的专利数之和与专利总数的比值	
	核心技术专利（I_{13}）	各银行在给定专利分类（IPC分类，共5项）上的专利数之和[①]	
	研究经费（I_{14}）	各银行在研究方面的经费投入	各银行年报
	企业经费（I_{15}）	各银行的一般性经费投入	
	互联网情感评分（I_{16}）	关于各银行网络舆情的正面信息与负面信息的综合评分	网络爬虫+评分计算
	研究经费占比（I_{17}）	各银行研究经费与企业经费的比值	研究经费（I_{14}）与企业经费（I_{15}）计算
推广能力（I_2）	手机银行用户数（I_{21}）	各银行手机银行用户的数量	各银行年报+互联网检索
	银行员工数（I_{22}）	各银行的员工数量	
	总营业额（I_{23}）	各银行的总营业额	各银行年报
	年度总利润（I_{24}）	各银行的年度总利润额	
	手机银行用户数与总用户数之比（I_{25}）	各银行手机银行用户数与总用户数的比值	比值分子与分母均通过各银行年报+互联网检索获取数据，并进行计算
	手机银行用户数与银行员工数之比（I_{26}）	各银行手机银行用户数与银行员工数的比值	手机银行用户数（I_{21}）与银行员工数（I_{22}）计算
	员工平均创造利润（I_{27}）	各银行年度总利润与银行员工数的比值	银行员工数（I_{22}）与年度总利润（I_{24}）计算
	员工平均营业额（I_{28}）	各银行总营业额与银行员工数的比值	银行员工数（I_{22}）与总营业额（I_{23}）计算
	Alexa排名值（I_{29}）	Alexa网站上公布的各银行90天内点击量排名的平均值	Alexa网站（https://www.alexa.com/）

---

① 给定的5项专利分类分别是：G06Q20（支付体系结构、方案或协议）、G06F21（保护数据、程序及计算机的安全装置）、G06Q30（商业，例如购物或电子商务）、G06Q10（行政、管理）与G06Q40（完整的银行系统）。

续表

一级指标	二级指标	指标含义	数据来源
应用能力（I_3）	线上信贷产品数（I_{31}）	各银行的线上信贷产品数量	各银行年报+互联网检索
	线上财富管理产品数（I_{32}）	各银行的线上财富管理产品数量	
投入能力（I_4）	金融科技公司股权投资次数（I_{41}）	各银行对金融科技公司的股权投资次数	CB Insights网站
影响能力（I_5）	搜索引擎1词条数（I_{51}）	在百度中检索各银行名称与25个金融科技关键词的组合，统计检索后的网页数量	互联网检索（百度）
	搜索引擎1资讯数（I_{52}）	在百度中检索各银行名称与25个金融科技关键词的组合，统计检索后的资讯数量	
	搜索引擎2词条数（I_{53}）	在谷歌中检索各银行名称与25个金融科技关键词的组合，统计检索后的网页数量	互联网检索（谷歌）
	搜索引擎2资讯数（I_{54}）	在谷歌中检索各银行名称与25个金融科技关键词的组合，统计检索后的资讯数量	
基础能力（I_6）	资产规模（I_{61}）	各银行的资产规模大小	各银行年报
	净利润（I_{62}）	各银行的净利润	
	净利润增长率（I_{63}）	各银行的净利润增长率	各银行年报或利用前后两年的数据计算
	资产回报率（I_{64}）	各银行的资产回报率，即ROA	各银行年报或计算（净利润与资产规模的比值）
	净资产收益率（I_{65}）	各银行的净资产收益率，即ROE	各银行年报或计算（净利润与所有者权益的比值）
风控能力（I_7）	一级资本（I_{71}）	各银行的一级资本额	各银行年报或计算（核心一级资本与其他一级资本之和）
	不良贷款率（I_{72}）	各银行的不良贷款比率	各银行年报或计算（不良贷款额与总贷款额的比值）
	资本充足率（I_{73}）	各银行的资本充足比率	各银行年报

对于部分通过特殊方法专项采集的指标数据来源说明如下。

互联网情感评分（I_{16}）：采集各银行的舆情文本数据，运用自然语言处理相关技术分析得出每个文本数据的情感指数，依据各自的情感指数判断数据所属情感类型，从而得出正面信息数量和负面信息数量；计算正面信息和负面信息各自占比情况，再依据情感分析程序的打分计算标准，获取情感评分。

Alexa排名值（I_{29}）：根据全球知名流量排名网站Alexa对各银行官网点击量的统计排名得出。

搜索引擎1词条数（I_{51}）、搜索引擎1资讯数（I_{52}）、搜索引擎2词条数（I_{53}）、搜索引擎2资讯数（I_{54}）：在两个主流搜索引擎（百度、谷歌）中输入相关的银行名称和金融科技关键词[①]的组合，并解析网页内容，统计搜索得到的词条数、资讯数。

此外，有少量指标能采集到大部分银行的数据，但缺失少数几家银行的数据。对于数据缺失的银行，本书以其所在洲的银行的平均数据来代替缺失的数据。

（三）指标无量纲化评分模型的建立

G-SIBs金融科技指标体系中各项指标的单位、量级都不同，因此不能直接计算指标得分。本书对正向指标和反向指标进行区分，选

[①] 金融科技关键词由15项技术关键词和10项业务关键词组成，同时搜索中文、英文。技术关键词：金融科技（Fintech）、数字金融（Digital Finance）、普惠金融（Inclusive Finance）、开放银行（Open Banking）、量化交易（Quantitative Trading）、大数据（Big Data）、云计算（Cloud Computing）、人工智能（Artificial Intelligence）、区块链（Block Chain）、物联网（Internet of Things）、移动互联（Mobile Internet）、生物识别（Biometric Identification）、知识图谱（Knowledge Graph）、5G、API；业务关键词：支付（Payment services）、渠道管理（Channel Management）、后台处理（Back Office Processing）、风险管理（Risk Management）、商业智能（Business Intelligence）、零售贷款（Retail Lending）、保险产品（Insurance Products）、资本市场产品（Capital Market Products）、外汇产品（FX Products）、财富管理（Wealth Management）。

择合适的方法对每个指标进行标准化处理，去除数据的单位影响，将其转化为无量纲的纯数据，再将得到的纯数据统一映射到百分制区间上，形成指标得分。

1. 正向指标的无量纲化评分模型

正向指标标准化有多种方法，如min-max标准化法、log函数转换法、atan函数转换法、z-score标准化方法等。权衡考虑科学性、易用性、可解释性等因素，本书选择ln函数转换法对正向指标进行标准化。

设指标I_{ij}属于正向指标，指标的统计值为x，指标统计值的最大值为x_{max}，该指标的得分为X_{ij}，则：

$$X_{ij} = 100 \cdot \frac{\ln(x+1)}{\ln(x_{max})}$$

对于统计值为百分数的正向指标I_{ij}^*，设指标的统计值为x，指标统计值的最大值为x_{max}，该指标的得分为X_{ij}^*，则：

$$X_{ij}^* = 100 \cdot \frac{\ln(100x+1)}{\ln(100x_{max})}$$

2. 反向指标的无量纲化评分模型

设指标I_{ij}属于反向指标，指标的统计值为x，指标统计值的最大值为x_{max}，该指标的得分为X_{ij}，则：

$$X_{ij} = 100 \cdot \frac{x_{max} - x}{x_{max}}$$

（四）指标权重的赋值

通过各项指标得分计算G-SIBs金融科技指数，必须对各项指标进行赋权。总体而言，较为通用的赋权方法可分为以德尔菲法等为代表的主观赋权法和以复相关系数法为代表的客观赋权法两大类。主观赋权法具有简便易操作的优点，但是其赋权因考评主体偏好的不同而存在较大差异，有失科学性；与之相反，客观赋权法具有较强的科学性，但需要通过对庞杂的数据进行繁杂的运算，可解释性欠佳。基于兼顾科学性与可操作性的考虑，根据所设计的G-SIBs金融科技指标体系具有明显层次性的特点，本书采用主客观相结合的层次分析法（Analytic Hierarchy Process，AHP）赋权模型对各项指标进行赋权。

AHP赋权模型由美国运筹学家T.L.Saaty于20世纪70年代初提出，是一种主观与客观考评相结合、定性与定量分析相统一的赋权模型，其基本思路是：在科学构建具有层次性结构的考评指标体系的基础上，对各指标的性质及其与考评目标之间的关系进行深入分析，根据各指标的相对重要程度，利用简单而科学的数学方法对各层次、各系统内的指标进行赋权，并层层递进，最终得到最基层指标相对于考评主体目标所占的权重，即合成权重。这一模型的应用使得赋权的过程数学化、科学化而不复杂化，在具体的考评工作中较为实用。

本书所设计的G-SIBs金融科技指标体系分为一级指标和二级指标两大层次，包括7个一级指标，其中每个一级指标各包含1~9个二级指标。在运用AHP赋权模型对其进行赋权时，遵循以下步骤。

1. 建立判断矩阵群

在一级指标之间和归属于同一个一级指标的二级指标之间进行两两对比,根据其相对重要性等级,参照表3予以赋值,并将其赋值b_{ij}按照矩阵形式排列,得到判断矩阵群。判断矩阵范例$B=[b_{ij}]_{n\times n}$如表4所示。

表3 元素两两对比时的相对重要性赋值

b_{ij}赋值	含义
1	i元素与j元素同等重要
3	i元素比j元素稍微重要
5	i元素比j元素明显重要
7	i元素比j元素强烈重要
9	i元素比j元素极端重要
2,4,6,8	上述相邻判断的中间值
倒数	若i元素与j元素的重要性之比为x,则j元素相对于i元素的重要性之比为$1/x$。

表4 判断矩阵范例 $B=[b_{ij}]_{n\times n}$

I	$I1$	$I2$	⋯	I_n
$I1$	$b11$	$b12$	⋯	$b1_n$
$I2$	$b21$	$b22$	⋯	$b2_n$
⋯	⋯	⋯	⋯	⋯
I_n	b_n1	b_n2	⋯	b_{nn}

2. 各级指标相对权重的计算

相对权重是指在AHP赋权模型的框架内,下一层指标相对于上一层指标的权重。每一个判断矩阵都可以确定某一层次指标的相对权重。

设某一判断矩阵为$B=[b_{ij}]_{n\times n}$。由该矩阵的性质可知,对其各行向量进行归一化处理所得的列向量 $W=(w_1,w_2,\cdots,w_n)^T$ 就是权重向量。因此，该矩阵中第 i 个指标的相对权重 w_i 可以表示为：

$$w_i = \frac{\sum_{j=1}^{n} b_{ij}}{\sum_{k=1}^{n}\sum_{j=1}^{n} b_{kj}} \quad i = 1, 2, \cdots, n$$

3. 各基层指标合成权重的计算

合成权重，是指最基层的可直接测度的指标评分相对于主体目标——G-SIBs金融科技指数的权重。

在本书所设计的G-SIBs金融科技指标体系中，基层指标就是二级指标。因此对于某一个基层指标 I_{ij} 而言，要计算其合成权重 P_{ij}，必须先通过判断矩阵求出其相对于一级指标 I_i 的权重 w_{ij} 和 I_i 相对于总目标 I 即G-SIBs金融科技指数的权重 w_i。根据合成权重的性质，基层指标 I_{ij} 的合成权重 P_{ij} 可以表示为：

$$P_{ij} = w_i \times w_{ij}$$

（五）G-SIBs金融科技指数的合成

通过前两步的工作，可以对各项指标的评分进行整体合成，得到G-SIBs金融科技指数。设G-SIBs金融科技指数得分为 X，则合成方法可以表示为：

$$X = \sum_{i}\sum_{j} X_{ij} \times P_{ij}$$

四、G-SIBs金融科技指数的统计学分析

（一）最大值、最小值与极差

在29家全球系统重要性银行中，得分最高的为美国银行，84.02分；得分最低的为意大利联合信贷银行，58.05分，分数极差为25.97分。由于理论上指数的最高得分是100分，所以总体看，得分具有一定区分度。

（二）平均值与中位数

29家全球系统重要性银行得分的平均值为73.14分，中位数为71.95分，中位数所对应银行为瑞士信贷，在29家银行中排名第15。平均值高于中位数1.19分，大体相当，可以说明指数得分整体分布较为均匀。

（三）方差与标准差

29家全球系统重要性银行得分的方差为43.67，标准差为6.61，评分的离散度比较合适。

（四）不同分档银行数统计

根据分数极差25.97分，将29家全球系统重要性银行的分数分为10档：58.05~60.65分、60.65~63.25分、63.25~65.85分、65.85~68.45分、68.45~71.05分、71.05~73.65分、73.65~76.25分、76.25~78.85分、78.85~81.45分与81.45~84.02分，落在这10档内的银行数分别为：2家、0家、1家、4家、3家、6家、4家、1家、5家与3家，如图2所

示，得分近似服从正态分布，落在中间分段的银行数较多。

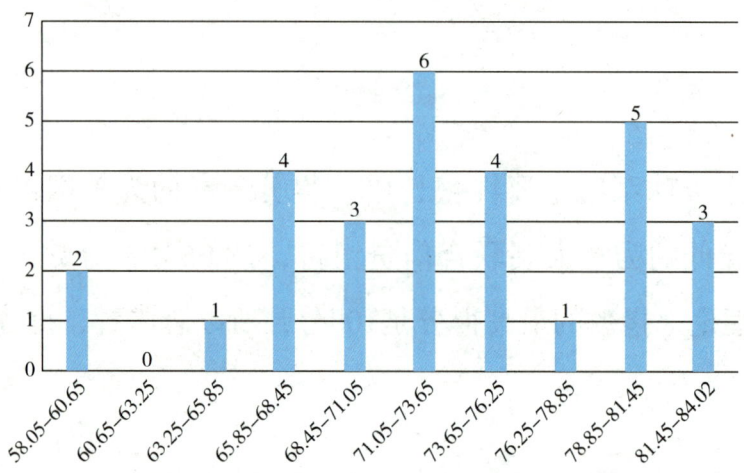

图2 G-SIBs金融科技指数得分分布

数据来源：中国建设银行研究院，2019年8月。

五、G-SIBs金融科技指数的观察与分析

（一）金融科技指数统计

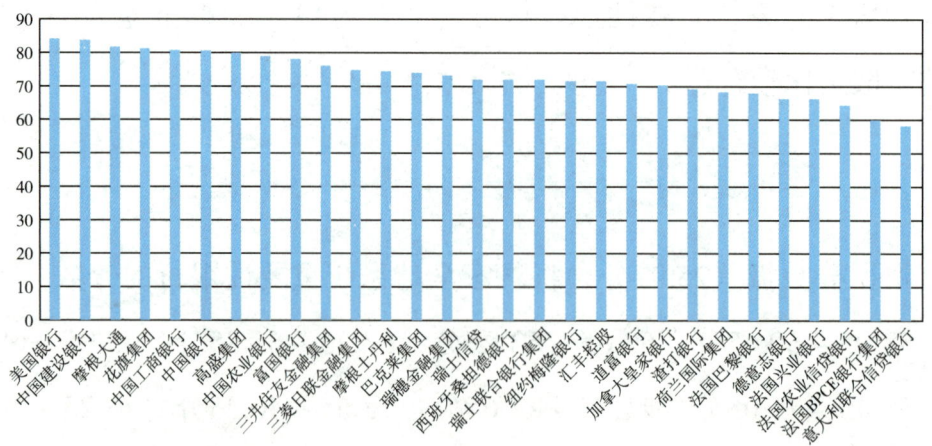

图3 G-SIBs金融科技指数统计

数据来源：中国建设银行研究院，2019年8月。

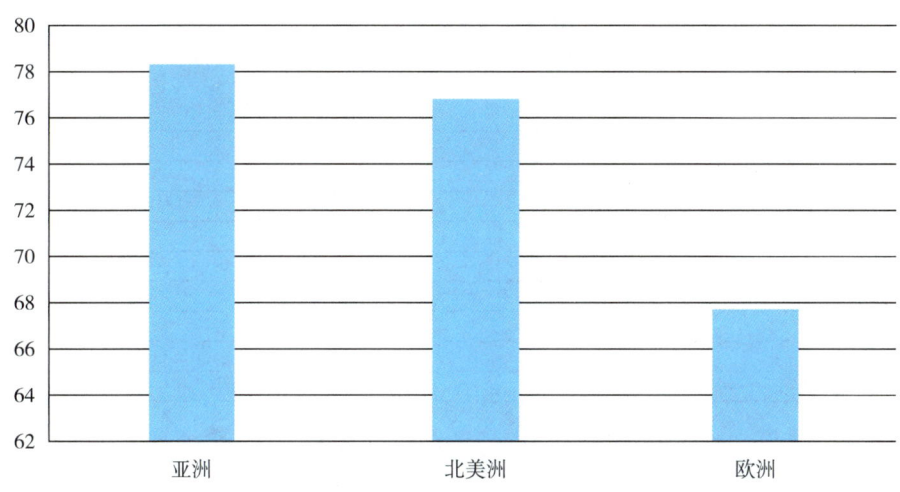

图4　G-SIBs金融科技指数按洲统计

数据来源：中国建设银行研究院，2019年8月。

总体而言，亚洲、北美洲地区银行金融科技指数排名领先。G-SIBs中金融科技指数排名前10的银行中，美国有5家，中国有4家，日本有1家。欧洲排名最靠前的银行是英国的巴克莱集团，位列第13名。这一指数排名结果与G-SIBs金融科技发展现实情况基本吻合。如图3、图4所示。

美国、中国金融科技指数表现突出，印证了两国在金融科技领域的领先优势。政策层面，两国金融监管层对金融科技都持"审慎监管、包容创新"的监管取向，在防控风险的前提下鼓励金融科技创新；科技层面，两国在人工智能、大数据、云计算、区块链等新兴技术的研发与应用方面都积极探索，取得先发优势；市场层面，两国对金融科技带来的金融服务创新都持欢迎态度，并存在庞大的金融市场拓展空间。欧洲地区银行可参考美、中两国的发展经验，推动自身金融科技的发展水平。

（二）金融科技研发能力

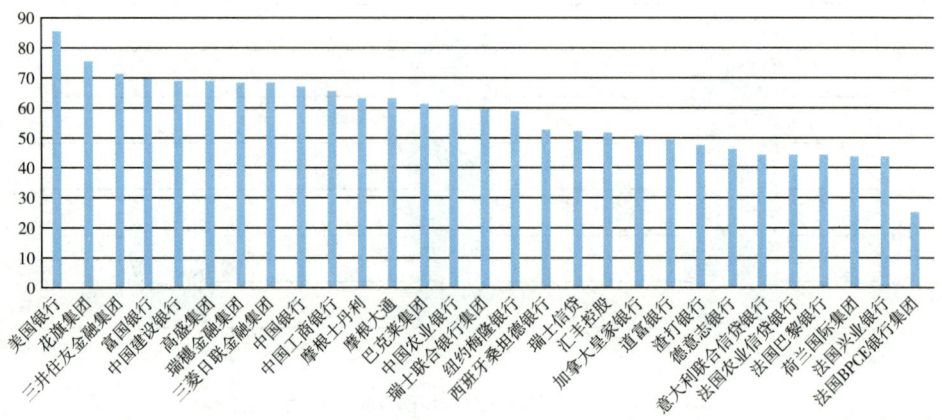

图5　G-SIBs金融科技研发能力统计

数据来源：中国建设银行研究院，2019年8月。

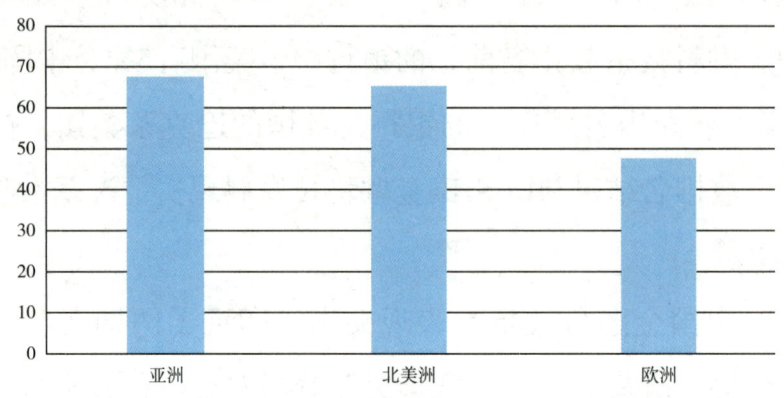

图6　G-SIBs金融科技研发能力按洲统计

数据来源：中国建设银行研究院，2019年8月。

金融科技研发能力方面，美国、中国、日本排名领先，欧洲地区排名靠后，如图5、图6所示。从具体指标来看，排名领先的银行"核心技术专利""专利数""研究经费占比"等指标的加权得分较高，是这些银行金融科技研发能力的主要加分项。

"核心技术专利""专利数"反映了各银行金融科技研发取得的成果，"研究经费占比"反映了各银行金融科技研发投入的情况。各国应引导和鼓励银行加大对金融科技研发的投入力度，强化银行金融科技研发能力。

此次研发能力评估进一步加大了对专利的重视程度。从数量来看，亚洲、欧洲、北美洲专利总数分别为5218项、3314项与3012项，亚洲系统重要性银行在专利数量上领先于欧洲与北美洲；而从单一金融机构来看，亚洲、北美洲、欧洲平均每家银行的专利数分别为1393项、335项与276项，亚洲优势更加突出，与专利总数对比发现，北美洲单一银行专利数要高于欧洲；在增长率方面，亚洲专利数增长率最高，为23.06%，而北美洲、欧洲的专利数增长率分别为20.24%与3.05%。从质量来看，北美洲在与银行业务密切相关的核心专利方面明显领先全球，根据IPC（International Patent Classification，国际专利分类）分类领域统计，北美洲支付专利数占全球的65%，系统安全专利数也占全球的65%，电子商务专利数占全球的73%，后台业务及管理专利数占全球的59%。

（三）金融科技推广能力

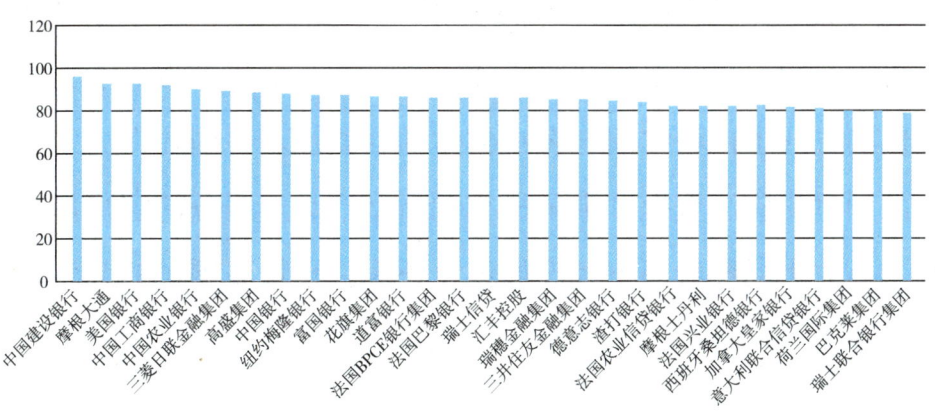

图7　G-SIBs金融科技推广能力统计

数据来源：中国建设银行研究院，2019年8月。

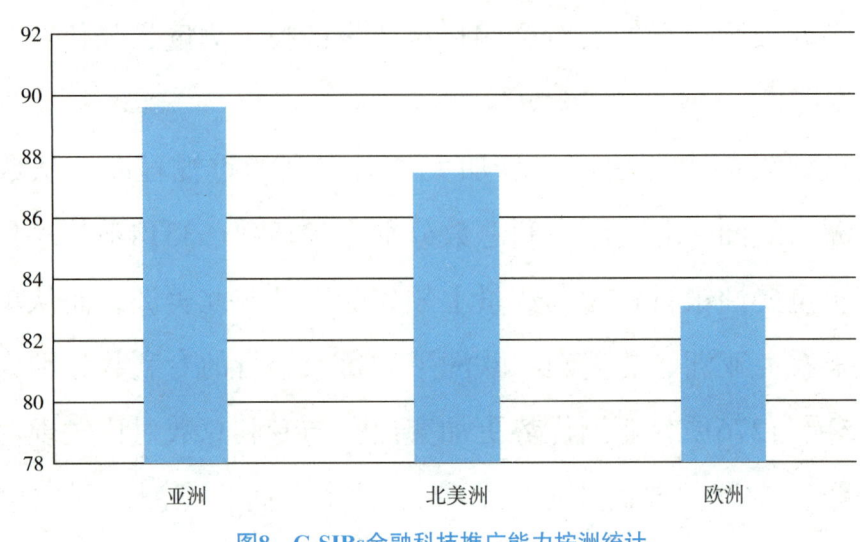

图8 G-SIBs金融科技推广能力按洲统计

数据来源：中国建设银行研究院，2019年8月。

金融科技推广能力方面，美国、中国排名领先，如图7、图8所示。"手机银行用户数与总用户数之比"指标在排名中起了较大作用。

金融科技推广能力测度各银行金融科技创新型产品与服务的综合水平，体现在产品与服务的市场营销能力、市场接受度及其带来的效益等方面。这不仅考验各银行的金融科技创新能力和客户培育能力，还需要有充分的市场空间和乐于接受新科技、新事物的客户群体。"手机银行用户数与总用户数之比"指标在金融科技推广能力方面的重要影响佐证了市场空间与客户群体的重要性。各国在大力发展金融科技的同时，应注重提升金融科技创新型产品与服务的客户体验与易用性，扩大市场覆盖面与客户群体，还应注重提高国民的金融科技素养，提高国民对金融科技创新的接受度。

（四）金融科技应用能力

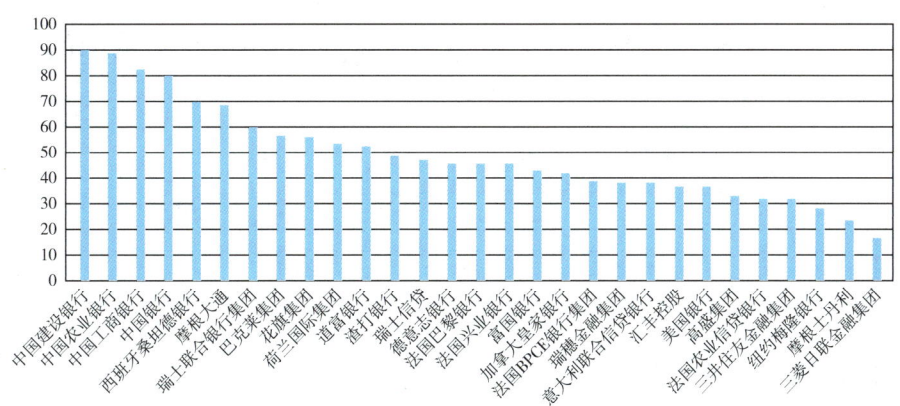

图9　G-SIBs金融科技应用能力统计

数据来源：中国建设银行研究院，2019年8月。

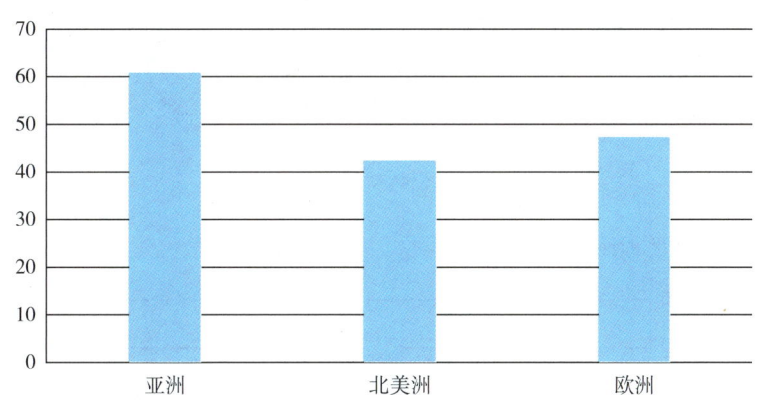

图10　G-SIBs金融科技应用能力按洲统计

数据来源：中国建设银行研究院，2019年8月。

金融科技应用能力方面，亚洲排名靠前，欧洲好于北美洲；中国在该领域表现较好，日本相对弱势。如图9、图10所示。

金融科技应用能力指标体系由"线上信贷产品数""线上财富管理产品数"两项指标构成，反映各银行通过金融科技支持在互联网渠道部署金融产品的能力。整体而言，各地区在该领域的发展差距相对不明显，说明加大金融科技的应用已成金融行业共识。北美洲金融科技发展整体较好，但在该领域评估却弱于欧洲，可能是因为北美洲金融业发达，传统金融服务已能较好满足市场需求，因而对线上金融产品的需求相对不迫切；日本在该领域排名不理想，原因可能与北美洲类似。

（五）金融科技投入能力

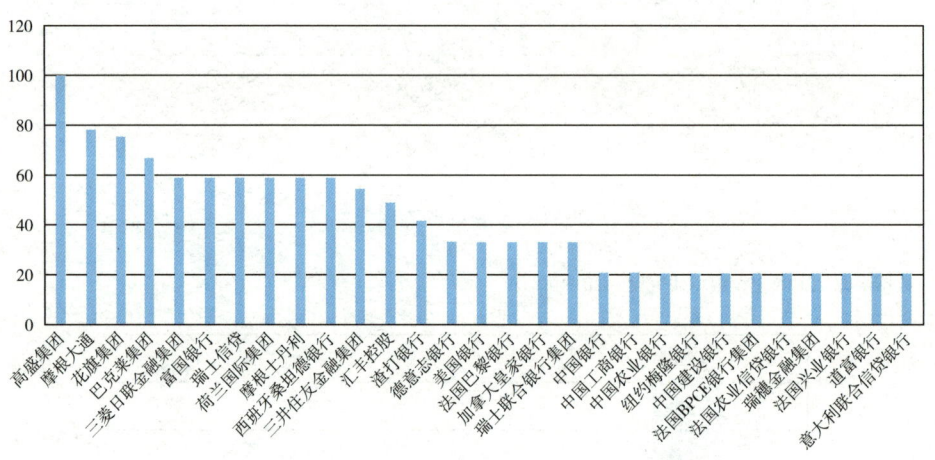

图11　G-SIBs金融科技投入能力统计

数据来源：中国建设银行研究院，2019年8月。

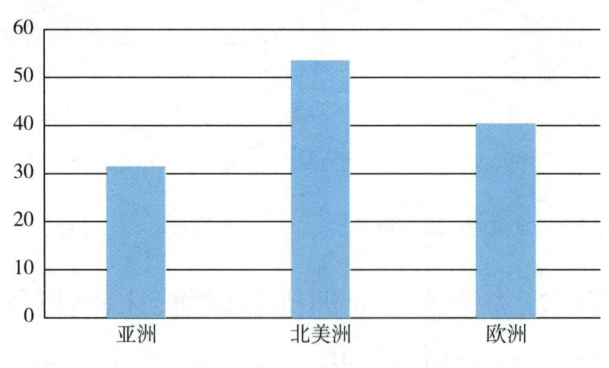

图12　G-SIBs金融科技投入能力按洲统计

数据来源：中国建设银行研究院，2019年8月。

金融科技投入能力方面，北美洲领先于亚洲、欧洲。如图11、图12所示。

金融科技投入能力指标体系仅有"金融科技公司股权投资次数"1

项指标，衡量各银行对金融科技公司进行股权投资的次数。亚洲该方面指标排名相对落后，但日本的三菱日联金融集团、三井住友金融集团排名相对靠前。2016年，日本对该国《银行法》进行了部分修订（2017年4月起实施），允许该国银行在获得监管部门审批后，对金融科技公司进行投资，可能是这两家银行该方面表现相对较好的原因之一。直接投资金融科技公司是银行快速提升自身金融科技能力的捷径，各银行未来可考虑在该方面发力，加快推进自身金融科技能力建设。

（六）金融科技影响能力

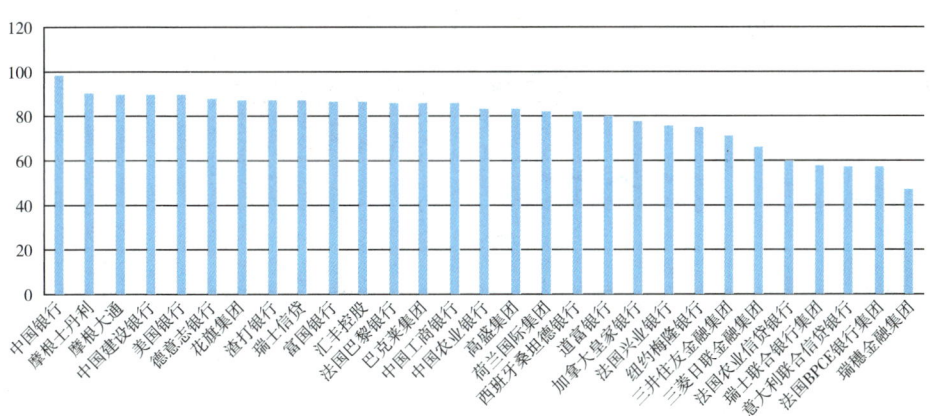

图13 G-SIBs金融科技影响能力统计

数据来源：中国建设银行研究院，2019年8月。

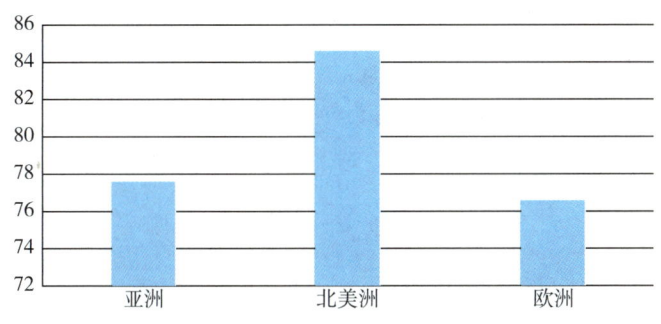

图14 G-SIBs金融科技影响能力按洲统计

数据来源：中国建设银行研究院，2019年8月。

金融科技影响能力方面，北美洲大幅领先于亚洲、欧洲，如图13、图14所示。这与北美洲作为信息技术革命发源地和引领者的地位相符合。

金融科技影响能力指标体系包含"搜索引擎1词条数""搜索引擎1资讯数""搜索引擎2词条数""搜索引擎2资讯数"4项指标，通过两个主流搜索引擎（百度、谷歌）的客观数据反映各银行在金融科技领域的影响。北美洲地区银行在金融科技的研发和应用、金融创新的激励和包容、金融市场的进取和体量、金融客户的成熟和素养等方面均处于领先地位，因此在金融科技影响能力方面表现突出，在主流搜索引擎的相关词条、资讯自然多于其他地区。各国在科技研发、创新机制、市场引导、客户培育等方面可参考和借鉴北美洲经验。

（七）金融科技基础能力

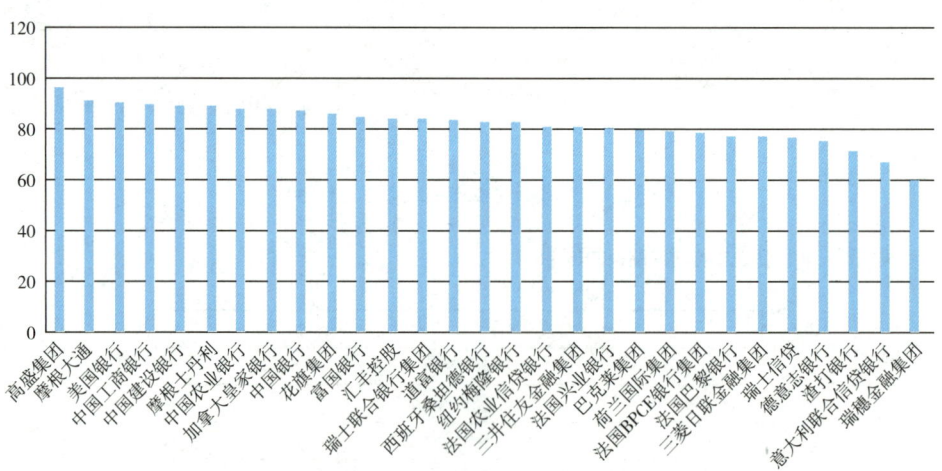

图15　G-SIBs金融科技基础能力统计

数据来源：中国建设银行研究院，2019年8月。

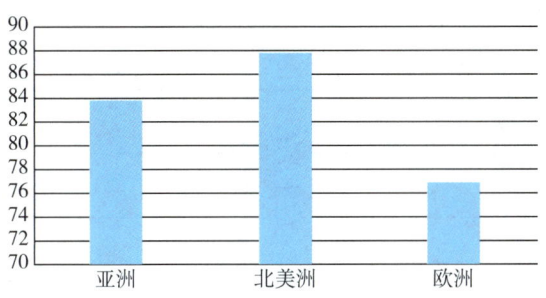

图16　G-SIBs金融科技基础能力按洲统计

数据来源：中国建设银行研究院，2019年8月。

金融科技基础能力方面，北美洲整体领先，排名前三的银行都位于北美洲。如图15、图16所示。

金融科技基础能力指标体系主要测度各银行的资产和盈利状况。资产和盈利是银行生存和发展的基础，更是银行发力金融科技的基础支撑。必要的资产体量和盈利水平是银行投入和发展金融科技的前提。北美洲地区银行强大的基础能力为其金融科技的领先提供了保障，亚洲地区银行金融科技的基础能力也具有一定优势。

（八）金融科技风控能力

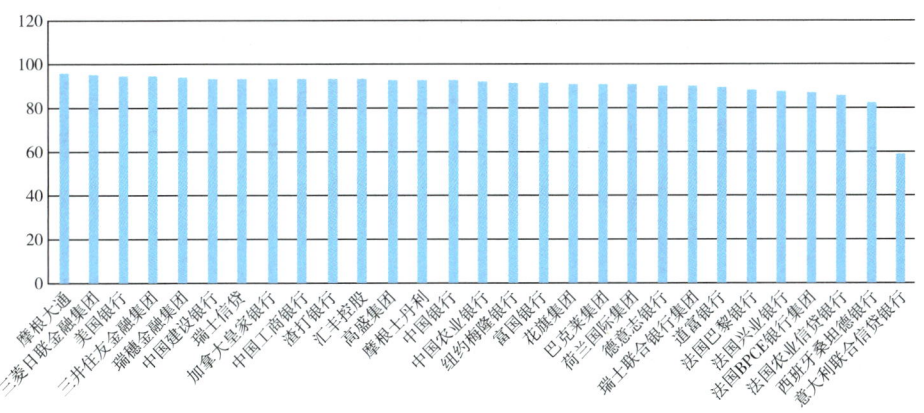

图17　G-SIBs金融科技风控能力统计

数据来源：中国建设银行研究院，2019年8月。

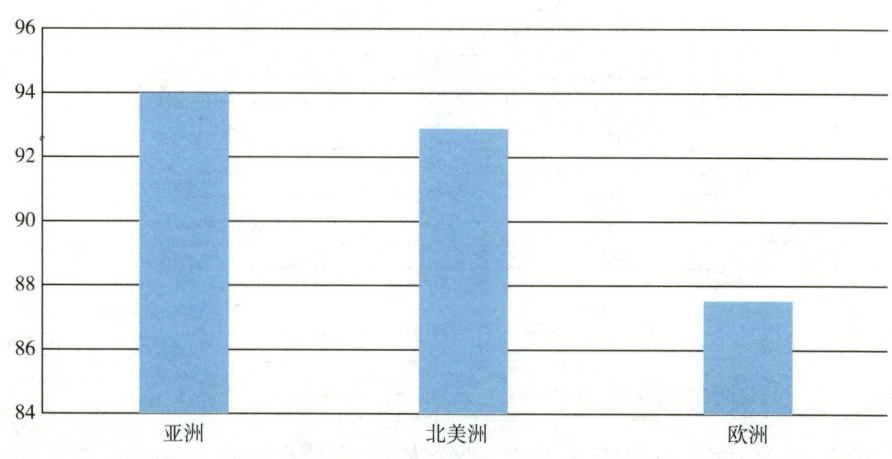

图18　G-SIBs金融科技风控能力按洲统计

数据来源：中国建设银行研究院，2019年8月。

金融科技风控能力方面，整体上各银行得分相差不大，但分地区来看，亚洲、北美洲强于欧洲。如图17、图18所示。

良好的风控是银行运行的基础，也是金融科技发展的基石。金融科技风控能力较强的银行，一方面，拥有更大的试错、容错空间，能更好地创新和发展金融科技；另一方面，能更好地防控金融科技发展过程中的风险。整体上各银行得分相差不大，说明风控是金融行业关注的焦点，得到各银行的充分重视；亚洲、北美洲强于欧洲，主要是因为亚洲、北美洲地区银行的一级资本平均值高于欧洲。

六、结论与启示

本书在设计系统、分层的金融科技指标体系基础上，通过开源情报采集指标数据，构建了基于层次分析法的G-SIBs金融科技指数，对G-SIBs金融科技能力进行微观评估，初步建立了一个全球视野下的金融科技研究和分析框架。这一研究和分析框架具有较好的延展性和包容性，未来可在此框架的基础上，根据金融科技的发展和研究工作的需要增减指标、调整权重，不断丰富、完善和创新G-SIBs金融科技指数，对G-SIBs金融科技能力持续开展跟踪研究，探索金融科技未来趋势，为各国制定金融科技相关政策提供参考。

研究发现，亚洲、北美洲地区银行金融科技指数排名总体领先，各项金融科技能力一级指标排名领先的银行也以亚洲、北美洲地区居多。总结金融科技指数排名领先银行和地区的特点，得出以下启示。

（一）加强对金融科技的政策引导

良好的政策引导是金融科技快速发展的必要前提。从G-SIBs金融科技指数排名分布来看，金融科技能力领先的银行，其所在国家均对金融科技的发展和应用加以积极的政策引导，其中以美国、中国最为典型。未来，各国应当秉持"审慎监管、包容创新"的监管取向和"均衡""适度"的监管思维，在金融科技的政策领域做好创新与风控之间的平衡，在有效防控风险的前提下，引导和鼓励金融科技产品创新、服务创新、监管创新，最大化地发挥金融科技的正能量，助力金融业高质量发展。

（二）加强对金融科技的投入力度

G-SIBs金融科技投入能力方面，北美洲具有领先优势。各银行可参考北美洲地区银行，持续增加对金融科技的绝对投入和相对投入，从战略、资金、人才等方面发力，提高自身金融科技发展水平。中国四大银行的金融科技投入能力指标相对不太理想，在这方面更应当加强关注。直接投资金融科技公司是银行快速提升自身金融科技能力的捷径，中国可考虑借鉴日本在这方面的经验，有条件地允许银行投资金融科技公司。

（三）加强对金融科技的研发、应用、推广

G-SIBs金融科技研发能力指数、应用能力指数、推广能力指数排名分布与G-SIBs金融科技指数总体排名分布大致趋同，反映了研发、应用、推广在金融科技中的相互依存和相互促进关系。因此，各银行应当有序、协调推进提升金融科技研发、应用、推广能力。研发能力方面，各银行应当在人工智能、大数据、云计算、区块链等新兴金融科技领域积极探索，在有效风控前提下积极开展金融科技创新与产品研发，并加强对金融科技专利的认识和保护；应用能力方面，各银行应当提高业务的敏锐度，勇于开拓市场，在合规前提下大胆地将金融科技创新产品提供给客户使用，通过市场来检验产品和进一步促进金融科技创新；推广能力方面，各银行应当关注自身所处的市场环境，分析客户偏好，因地制宜、因时制宜地采取有效措施培育和拓展金融科技应用场景，加快对自身金融科技产品的推广。

（四）加强对金融科技的市场培育和客户教育

G-SIBs金融科技推广能力指数和应用能力指数的排名分布都充分说明了市场和客户对于金融科技发展的重要影响。各银行应关注"数字鸿沟"，注重提升金融科技创新型产品与服务的客户体验与易用性，避免因为金融科技的应用而形成新的金融排斥，着力扩大市场覆盖面与客户群体；同时，需要引导客户提升金融文化素养和科技素养，使社会各阶层都能融入金融科技的发展，使客户"有能力""有

意愿"使用金融科技创新产品和服务。

参考文献

[1] 北京大学数字金融研究中心课题组.北京大学数字普惠金融指数（2011~2015年）[R]. 2016.

[2] 李健，王丽娟，王芳.商业银行高质量发展评价研究——"陀螺"评价体系的构建与应用[J]. 金融监管研究，2019（6）：56-69.

[3] 李俊玲，戴朝忠，吕斌，胥爱欢，张景智.新时代背景下金融高质量发展的内涵与评价——基于省际面板数据的实证研究[J].金融监管研究，2019（1）：15-30.

[4] 廉保华，高磊，朱丽丽，周磊，武茗.商业银行高质量发展评价体系构建与应用研究[J]. 金融监管研究，2018（12）：17-33.

[5] 林胜.我国商业银行住房抵押贷款信用风险管理研究[D].西南财经大学，2010.

[6] 刘一. 2018 Fintech100名单出炉 见证全球金融科技先锋[EB/OL]. https://home.kpmg/cn/zh/home/news-media/press-releases/2018/10/fintech-100-worlds-leading-fifinte-innovators-2018.html, 2018-10-23.

[7] 龙海明，林胜.商业银行消费信贷业务绩效评价研究[J].湖南大学学报（社会科学版），2008（2）：54-60.

[8] 龙海明，王志鹏，文倩.社科研究成果综合绩效评价方法体系研究[J].湖南社会科学，2015（6）：82-87.

[9] 罗予岐.社科院数字普惠视角下的金融科技发展评估发布[EB/OL]. http://tech.southcn.com/t/2019-01/25/content_184961955.htm，2019-01-25.

[10] 腾讯研究院—中国人民大学统计学院国家数字竞争力指数研究课题团队.国家数字竞争力指数研究报告2019[R]. 2019.

[11] 王莲芬，许树柏.层次分析法引论[M].北京：中国人民大学出版社，1990：25-41.

[12] 赵碧莹.中国商业银行竞争力评价与影响因素研究[J].金融监管研究，2019（5）：70-82.

[13] 浙江大学互联网金融研究院司南研究室，剑桥大学新兴金融研究中心，浙江互联网金融联合会，杭州铜板街互联网金融信息服务有限公司. 2018全球金融科技中心城市报告[EB/OL]. http://upload.xinhua08.com/2018/1217/1545050963979.pdf, 2018-12-17.

[14] 周鸿卫. 基于AHP的银行绩效内部评价方法[J]. 宁夏大学学报（自然科学版），2004（3）：26-29.

第十一章 全球系统重要性银行专利分析

金融行业作为与信息科技联系最密切的行业之一，其知识产权问题不仅关乎金融机构的创新水平和发展潜力，而对"大而不能倒"的银行而言，更关乎金融体系的安全与稳定。我们聚焦于知识产权中的专利，通过分析全球系统重要性银行（Global Systemically Important Bank，G-SIBs）[①]的专利数据[②]发现：近两年，全球系统重要性银行整体专利数平稳增长，中国专利在数量上形成优势，北美洲、欧洲与日本专利在质量上更胜一等。下阶段，在银行专利领域，我国银行机构需保持定力、提升质量、增强合作。

一、近两年专利数据整体情况[③]

（一）整体专利数平稳增长，但马太效应现象明显

从整体看，全球系统重要性银行近两年专利数变化比较平稳，如

[①] 2017年金融稳定理事会（FSB）发布的全球系统重要性银行有30家，而2018年有29家，我们将这两年均在名单中的28家银行作为可比的研究标的。

[②] 我们采集了全球系统重要性银行所在国家知识产权局的专利数据，其中包含申请专利以及授权专利，包含PCT专利以及非PCT专利，也包含申请时间大于20年的专利。

[③] 近两年的数据统计时间分别截至2017年底与2018年底。

图1所示。从图中可以看出,2018年除法国兴业银行、富国银行外,"头部"银行①专利数有较明显的增长,而其他银行专利数变化幅度较小,体现出"强者恒强"的马太效应现象。

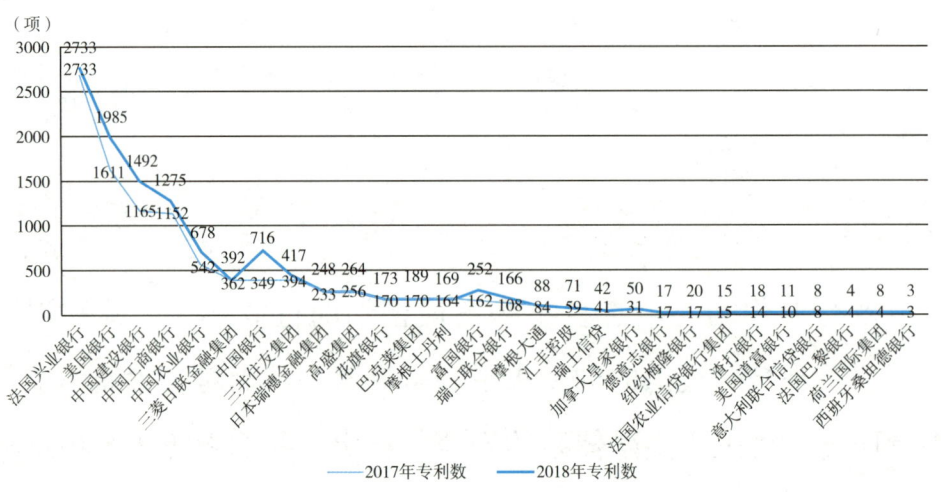

图1　全球系统重要性银行2017年、2018年专利数

数据来源:相关国家知识产权官方网站、中国建设银行研究院,2019年5月。

法国兴业银行2017年专利数排名第一,但2018年并未新增专利,仍为2773项。通过深入研究发现:法国兴业银行的专利多为早年申请,甚至包括化工领域专利②,历史原因导致其累积的专利数较高,但近年来其并未在专利方面维持原有态势,故2018年专利数没有增长。

富国银行的专利数虽在2017年排名第14位,但2018年新增专利较多,截至2018年底,富国银行专利数达252项,相比于2017年的162项,增长率高达55.56%,可以看出其对专利申请乃至知识产权的重视程度不断加强。

在"头部"银行中,专利数变化较明显的为中国银行、中国建设银行和美国银行,增长率分别为105.16%、28.07%和23.21%(相应的

---

① 即2017年专利数较多、排名较靠前的银行。
② 法国兴业银行的化工领域专利为早年申请,可能由于当时法国兴业银行收购过化工领域的公司,并申请专利。

增长量分别为367项、327项与374项)。由于2018年的基数较低,中国银行2018年专利数增长率超过100%。2018年底,中国银行专利数已超过中国农业银行,位列中国四大全球系统重要性银行的第三位(前两位为中国建设银行与中国工商银行,2018年的专利数分别为1492项与1275项)。

(二)在总量及增速方面,中国均领跑全球

世界知识产权组织2018年12月3日发表年度报告称[①],2017年中国各类知识产权的申请量都位列全球第一,有力推动了全球知识产权申请的增长。这份名为《世界知识产权指标》的报告显示,在已支付申请费的专利申请数量上,2017年中国国家知识产权局受理的申请数量达到创纪录的138万件,远高于排名其后的美国(61万件)、日本(32万件)、韩国(20.4万件)以及欧洲(17万件)。这前五位的专利申请总量占全球总量的84.5%。分析认为,在专利申请方面,中国正在成为无可争议的领跑者。

据我们的统计数据,中国的全球系统重要性银行在专利方面的表现也与上述报告相符。图2统计了全球系统重要性银行分国家和地区2017年、2018年平均专利数[②]及新增率。从图中可以看出,2017年、2018年两年,中国的全球系统重要性银行平均专利数都要远高于北美洲、欧洲和日本。2018年的专利新增率为29.71%,是四个国家/地区中最高的,显示出中国银行业对专利高度重视,也在自主创新和知识产权方面不断创造新的成绩。

---

① 《中国知识产权申请量世界领先》,《人民日报》(海外版)2018年12月6日第2版。
② 平均专利数:某一国家/地区系统重要性银行专利数的平均值。

图2　全球系统重要性银行分国家和地区2017年、2018年平均专利数及新增率

数据来源：相关国家知识产权官方网站、中国建设银行研究院，2019年5月。

（三）在质量方面，北美洲银行专利集成度更高

在研究全球系统重要性银行专利的质量方面，我们从专利所属的技术领域入手①，一个专利可能被标注属于多个技术领域，领域越多，说明专利对技术与业务的集成度越高，难度也越大，专利保护的范畴也越广，可以被视为一种质量更高的专利。为此，我们定义专利集成度的概念，即单一专利所涉及的技术领域数量。

图3统计了全球系统重要性银行分国家和地区2018年专利集成度。从图中可以看出，北美的全球系统重要性银行平均1个专利属于27.8个专利领域，日本的全球系统重要性银行平均1个专利属于6.1个专利领域，欧洲的全球系统重要性银行平均1个专利属于4.6个专利领域，而中国的全球系统重要性银行平均1个专利仅属于3.1个专利领域。北美洲的全球系统重要性银行的专利集成度是四个国家/地区中最高的，反映出其专利含金量更高。分析原因，一方面，这些专利本身是复杂技术

---

①　专利所属的技术领域是由各国分类员在审查专利时给出的分类领域，即国际专利分类（IPC，International Patent Classification），便于从技术角度对专利进行分类、检索，我们以此为线索进行对比研究。

的集成，进而反映出北美洲的全球系统重要性银行的信息科技研发实力较强；另一方面，北美洲的全球系统重要性银行的知识产权意识更强，在研发专利时尽可能使专利内容覆盖更多的领域，实现更大范围的知识产权保护。

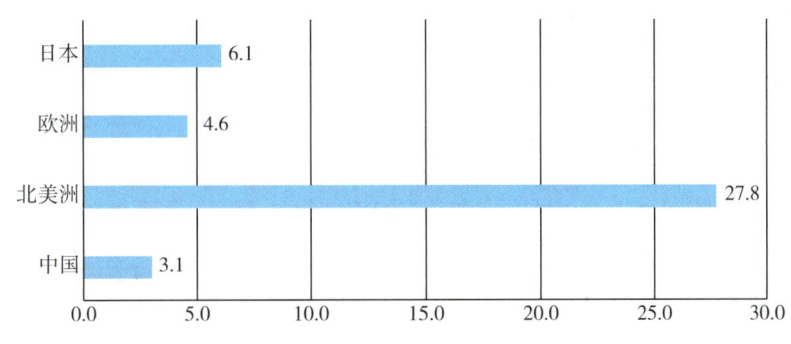

图3　全球系统重要性银行分国家和地区2018年专利集成度

数据来源：相关国家知识产权官方网站、中国建设银行研究院，2019年5月。

二、核心领域专利分析

28家银行的专利覆盖多达76个技术领域（即前文中所述各国分类员在审查专利时给出的IPC分类），甚至包括化工领域，为了聚焦银行核心业务，我们挑选出五个与银行业最相关的技术领域作为核心领域[①]，即支付领域、系统安全领域、电子商务领域、后台业务及管理领域、银行核心系统领域，对全球系统重要性银行的知识产权进行重点分析。

（一）在支付领域，北美洲银行遥遥领先

在当前金融科技浪潮下，中国在移动支付领域领跑全球[②]，但具体

---

① 这五个领域的专利数占全部领域专利数的一半以上。
② 《李克强向国际金融机构负责人介绍中国移动支付发展情况》，2018年11月8日，http://www.cac.gov.cn/2018-11/08/c_1123681954.htm。

到支付领域的专利方面,中国情况并不乐观。图4统计了专利领域"支付体系结构、方案或协议"(G06Q20)中全球系统重要性银行分国家和地区2018年专利数占比①。从图中可以看出,北美洲的全球系统重要性银行在该领域的专利数遥遥领先于日本、欧洲与中国(北美洲、日本、欧洲、中国四者的专利数占比分别为65%、32%、2%与1%)。北美洲金融体系较为完善,且在支付领域起步较早,因此在该领域北美洲的全球系统重要性银行的专利数最多,接近全球总量的2/3。中国对支付应用背后核心技术的研发与专利数量方面还远不如北美洲。其可能的原因在于中国与北美洲的发展阶段不同,中国银行业多采用"拿来主义",即采用西方国家先进的技术,只在商业模式或应用场景方面进行创新,这样虽然在特定的中国市场上取得了较好的效果,但中国银行业并未对应用背后的核心技术进行深入研发。此外,我们此次的研究标的为全球系统重要性银行,而中国的移动支付市场主要由第三方支付公司(支付宝、微信支付等)所主导,也可能是导致中国的全球系统重要性银行在该领域的专利数较少的一个原因。

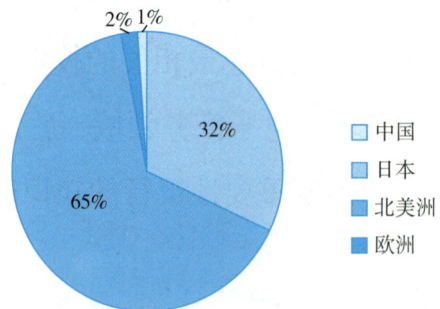

图4 支付体系结构、方案或协议(G06Q20):分国家和地区2018年专利数占比

数据来源:相关国家知识产权官方网站、中国建设银行研究院,2019年5月。

---

① 这里的专利数是每个国家和地区的全球系统重要性银行在该领域专利数的平均值,下同。

（二）在系统安全领域，北美洲银行、日本银行更加重视能力的提升

由于银行业务的特殊性，其系统安全尤为重要，银行系统的安全不仅关乎银行业务的正常运行，甚至有可能对金融稳定造成影响。我们通过对专利领域"保护数据、程序及计算机的安全装置"（G06F21）中全球系统重要性银行分国家和地区2018年专利数占比（如图5所示）进行分析可以看出，北美洲、日本的全球系统重要性银行相比于欧洲、中国更加重视系统安全领域专利的研发（北美洲、日本、欧洲、中国四者的专利数占比分别为65%、33%、2%与0）。

尽管中国近四十年来的经济高速发展已使中国成为世界第二大经济体，其中银行业发挥了重要的"供血"作用，但相比于美国、日本等老牌世界强国，中国的全球系统重要性银行在"保护数据、程序及计算机的安全装置"（G06F21）领域的专利数远小于西方发达国家。此外，尽管中国的银行监管机构出台了如《商业银行业务连续性监管指引》等文件，旨在降低或消除因信息系统服务异常导致重要业务运营中断的影响，即增强系统的安全性，但中国的银行业并未将重点放在专利研发方面。

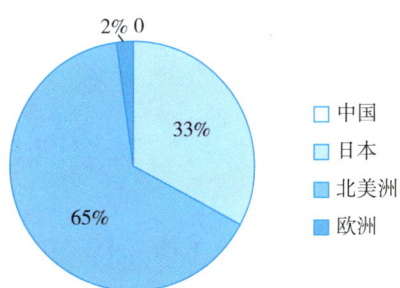

图5 保护数据、程序及计算机的安全装置（G06F21）：分国家和地区2018年专利数占比

数据来源：相关国家知识产权官方网站、中国建设银行研究院，2019年5月。

（三）在电子商务领域，北美洲银行具有压倒性优势

图6统计了专利领域"商业，例如购物或电子商务"（G06Q30）中全球系统重要性银行分国家和地区2018年专利数占比。从图中可以看出，中国四家全球系统重要性银行在该领域的专利数占比为0（北美洲、日本、欧洲的专利数占比分别为73%、25%与2%）。尽管中国的电子商务平台蓬勃发展，阿里巴巴、京东等电子商务应用模式享誉世界，银行系电子商务公司也不断涌现，但是中国的全球系统重要性银行并不重视电子商务相关专利的研发。相比之下，北美洲的全球系统重要性银行在该领域具有压倒性优势，占据全球73%的比例。其可能的原因在于电子商务本非银行业，相关的技术专利主要掌握在阿里巴巴等互联网公司的手中，而由于北美洲银行业发展电子商务较早，所以相关专利最先由北美洲银行的全球系统重要性银行所研发。

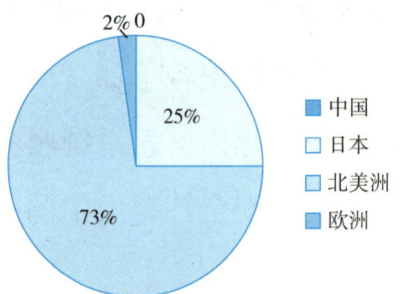

图6　商业，例如购物或电子商务（G06Q30）：分国家和地区2018年专利数占比

数据来源：相关国家知识产权官方网站、中国建设银行研究院，2019年5月。

（四）在后台业务及管理领域：北美洲银行领跑全球

银行在"行政、管理"领域（G06Q10）的专利主要用于保护后台业务及管理中使用的技术，如RPA（机器人流程自动化技术）、OCR（光学字符识别技术）等。北美洲的全球系统重要性银行依然是该领

域中专利数占比最大的机构（如图7所示，北美洲、中国、日本、欧洲的专利数占比分别为59%、22%、16%与3%），北美洲的全球系统重要性银行将后台业务与管理视为银行核心竞争力的重要组成部分，技术应用与创新较多。在该领域中，中国的全球系统重要性银行的专利数占比虽小于北美洲，但大于日本与欧洲。通过分析发现：中国银行业的专利更多应用于对前端业务部门（如获客、风控、交易等）所使用技术的保护，而非后台行政、管理部门。

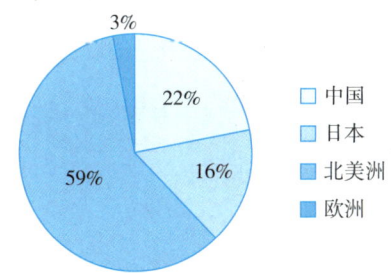

图7　行政、管理（G06Q10）：分国家和地区2018年专利数占比

数据来源：相关国家知识产权官方网站、中国建设银行研究院，2019年5月。

（五）在银行核心系统领域，北美洲银行领先，但中国也紧随其后

"完整的银行系统"领域（G06Q40）与银行核心交易系统的设计与研发能力相关，北美洲的全球系统重要性银行在该领域的专利数领先全球，但中国也紧随其后（如图8所示，北美洲、中国、日本、欧洲的专利数占比分别为37%、35%、25%与3%）。长期以来，受制于发达国家价格高昂的核心组件乃至对中国的高科技出口封锁，中国已深刻认识到掌握核心组件研发能力的重要性，而"完整的银行系统"是金融行业信息科技的重要组成部分，其全面国产化实践可进一步降低银行信息科技管理和安全的外部环境风险，再加之全自主知识产权外

围系统（如数据库等），共同打造安全可控的银行信息科技竞争力。目前来看，以美国为代表的北美洲在这方面仍具有世界领先地位，但中国与领先者的差距不大。

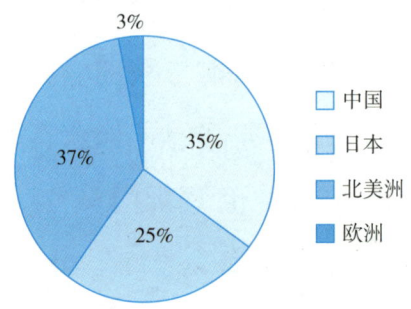

图8　完整的银行系统（G06Q40）：分国家和地区2018年专利数占比

数据来源：相关国家知识产权官方网站、中国建设银行研究院，2019年5月。

三、对中国银行业的建议

（一）以商业方法专利为抓手，进一步提升银行业对自主创新与知识产权的重视程度

以往，中国银行业对知识产权的认识存在模糊地带，在产品创新过程中，究竟什么阶段开展专利申请很多技术和业务人员认识不清，经常在IT系统设计完成，甚至对外推广后才开始专利申请，而更多金融科技产品直到成为爆款产品后依然未申请专利保护。虽然可能是因为这些产品的确技术含量不高，创新点不多，但更多的情况是在抢市场、拼创新的过程中，银行忽视对知识产权的保护。然而，2017年4月，我国新版《专利审查指南》实施，正式明确专利保护范围扩充到含有技术特征的商业模式、商业方法，即商业方法专利。因此，中

国银行业的创新要向ICT①企业，特别是华为看齐，产品未上市、未测试，甚至没有推出计划，仅在创新储备阶段就扎扎实实开展专利申请，加强对知识产权创造、运用、保护全流程顶层设计。

（二）保持一定的专利申请规模，作为高质量发展的基础

数量是基础，质量是优势。要推进银行业专利竞争力，必须保持知识产权特别是专利申请数量的优势。伴随着金融科技发展浪潮，中国的全球系统重要性银行不仅在金融科技创新与推广上取得突出进展，也不断加强对知识产权研发的重视。通过上述分析，中国四大全球系统重要性银行在专利的总数及新增率等方面都已领先全球，反映出国家层面和金融行业层面已经在知识产权方面形成合力，成效显著。这种地位来之不易，需要继续坚持保持，在建设高质量金融的过程中更是必不可少。

（三）深度融合金融业与信息科技，更加突出高质量专利的创造和运用

从中国与北美洲的比较中，北美洲单一专利覆盖的领域更广，其专利背后技术研发的深度更深，知识产权保护的意识更强。与此同时，北美洲在五个专利领域的专利数占比也都为全球第一，远大于中国。相比于北美洲，中国在专利申请数量上具有优势，但专利质量不够高，部分关键"卡脖"领域的专利缺失（如系统安全领域、电子商务领域），一旦被某些具有绝对优势地位的国家在全球市场发起知识产权封锁，对中国乃至全球金融稳定都会造成巨大影响。因此，今后中国应更重视专利申请的质量，提高专利集成度与知识产权保护意

---

① ICT，即Information and Communications Technology，信息与通信技术。

识，做到"量质并举"，真正提升中国知识产权的核心能力。加强共性技术、关键技术的研发和联合攻关，形成技术、专利、标准三位一体、协调联动的机制，解决核心技术受制于人的局面，使得银行业在我国金融科技高质量发展中起到示范引领作用。

（四）加快推进银行业专利保护"出海"

"一带一路"倡议势必要求中国银行业"出海"，但如果我们未能提前在专利方面布局，则可能会面临较大的知识产权法律风险，如被美国的非专利实施体（NPE）①发起专利侵权诉讼等。因此，中国的全球系统重要性银行在国内完成了第一次合格的申请后，应立即以相同的内容在其海外展业国（特别是"一带一路"沿线国家）进行专利的申请，扩大"出海"展业时专利保护的范围。

（五）倡导建立银行业间交叉许可机制

在中国金融业不断开放的趋势下，将会有越来越多的外资银行进入中国，在中国展业。伴随外资银行的进入，非专利实施体（NPE）也会进入中国。根据我们的分析，国外的全球系统重要性银行在专利的质量方面（特别是核心领域的专利）具有优势，而进入中国的非专利实施体（NPE）可能会与中国的银行产生知识产权纠纷。我们应充分借鉴国际经验，倡导建立银行业间的交叉许可机制，即两家专利数量差不多的大型银行，其各自的专利可以许可为对方使用，这将有助于开放环境下中国银行业的健康发展以及维护金融稳定。

---

① 非专利实施体（NPE），即Non-Practicing Entities，是拥有专利权但其本身并不实施专利技术的主体。其主要的盈利模式是通过购买相关专利或者获得相关专利许可，利用自身掌握的专利来发起诉讼，从而获得高额赔偿来获取利益。

第十二章 国外大型银行投资金融科技的趋势、分析与应对

2019年10月31日中国共产党第十九届中央委员会第四次全体会议提出"建设高标准市场体系"和"建设更高水平开放型经济新体制",如何建立高标准的开放型金融市场体系成为一个课题。金融科技作为当前全球金融业的竞争焦点,受到众多大型商业银行的关注,据波士顿咨询的观察[1],外资金融机构现在更愿意寻求与我国科技公司的合作。我们就以国外大型银行投资金融科技公司为重点尝试探讨:国外大型银行进入中国市场后会如何拓展业务?我国金融市场竞争环境有什么薄弱环节?

一、国外大型银行投资金融科技公司的新趋势

(一)投资金融科技公司数量大

截至2019年8月的数据(见图1),美洲9家银行的金融科技公司股

---

[1] 表源:《金融改革加速,用正确的"打开方式"》,《国际金融报》2019年4月1日第01版。

权投资数量最多，达到67个，体现出美洲地区银行较强的金融科技投入能力，而欧洲13家银行的金融科技公司股权投资个数为43，亚洲7家银行的金融科技公司股权投资个数为16。高盛集团投资个数为26，超过亚洲全部7家全球系统重要性银行的总和（16个）。中国的大型银行在投资金融科技公司方面与国际领先大型银行还存在一定差距。

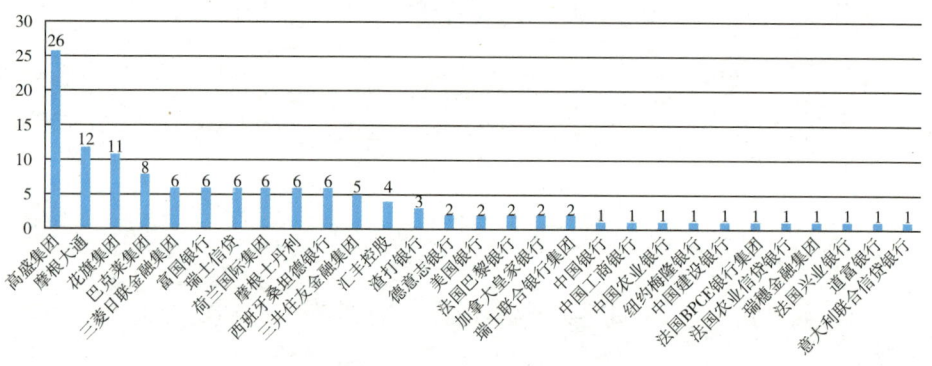

图1　全球系统重要性银行金融科技公司股权投资个数

数据来源：CB Insights数据库、中国建设银行研究院，2019年8月。

（二）并购整合金融科技公司见效快

国外一些大型银行，如摩根大通、高盛、花旗等，通过并购整合，尽可能利用金融科技公司的创造力，实现业务与技术的快速融合。以摩根大通[①]为例，2017年，摩根大通并购整合股票交易软件You Invest，在2018年就实现了贴牌经营与业务整合，在You Invest原平台上增加摩根大通的品牌，该平台中销售摩根大通自身的产品。同时，用户通过摩根大通手机银行App或者网页端即可获得投资管理服务，这个产品旨在吸引那些从来没有投资习惯的人群，以及在摩根大通有账户，但是在其他机构进行投资的客户。

---

① 白云飞、边鹏：《传统银行的数字化转型——摩根大通的策略和实践：金融科技研究与评估2018》，中国发展出版社，2018，第379–392页。

（三）投资金融科技公司审慎有序

国外大型银行一般都拥有相当规模的IT研发团队，它们并购金融科技公司的目标不是一般的IT研发人员，而是具有打破条框思维、创新意识极强的金融科技人才，同时也包括这些公司的知识产权资产。这些金融科技公司一般规模较小，员工数少，多是初创型公司。这是因为国外大型银行也有大企业病，员工虽然很优秀，但长时间工作导致的思维定式严重影响到创新活力，国外大型银行就是通过引入"外脑"，吸纳新团队来破除思维定式，解决此类创新活力不足的问题。

并购整合过程可以大致分为三个阶段。第一阶段，公司在开展金融科技产品研发时就与大型银行相关团队的合作，与投资银行团队合作就是风投孵化，银行这时一般只是财务投资，如持股5%以下；与业务或技术团队合作就是联合实验室，双方在同一场地办公，这样不但帮助初创公司获得了较快的成长，也促进了银行自身的业务发展，更为重要的是为未来时机成熟开展并购整合奠定基础。第二阶段，通过一段时间观察，从银行的投资银行团队来看认为该公司有价值，或者该公司有望引入其他投资方，投资银行团队就开始联系银行自身的业务或技术团队进行专门研究，如果得到业务或技术团队认可，该银行就会增持乃至全资控股该公司；也可能是从银行的业务或技术团队来看认为该公司有价值，在取得该银行投资银行团队的支持后，推动投资并购。第三阶段，由业务或技术团队牵头，将该公司产品包装推出，同时融合到银行业务中。可见，银行并购整合的过程既有风险隔离，又有跨团队分工协作。

二、新趋势下国外大型银行投资金融科技公司的前景分析

我们以国外大型银行的视角分析：进入中国市场后，愿不愿意投资金融科技公司？能不能投资金融科技公司？会有哪些影响？

（一）国外大型银行愿意投资我国金融科技公司

我国相继出台的进一步扩大金融业对外开放举措，将会鼓励国外大型银行进一步拓展中国市场，这些银行将会充分利用自身优势参与国内银行业竞争，如购买一家金融科技公司，通过贴牌整合模式，迅速铺设线上渠道，迅速拓展业务，而不是像国内银行以前那样通过建设实体银行网点扩张业务。这种拥抱内资互联网公司的方式，看似与几年前国内大型银行纷纷表态"拥抱互联网"雷同，实则差异较大。近年来，中国的金融科技公司蓬勃发展，多家"独角兽"企业已经境外上市，还在不断涌现新的潜在"独角兽"企业。国外大型银行通过买入金融科技公司，直接省去搭建平台的时间和成本，特别是能够直接拥有了获客以及线上运营能力，尽可能地规避线上金融产品的不适用风险；与此同时，还能享受到金融科技公司异于银行的旺盛创新能力，除了开拓中国市场以外，更能获得在中国以外市场推广同类创新带来的全球红利。

（二）国外大型银行无法投资我国金融科技公司

国外大型银行能否按照上述思路把投资金融科技的方式运用到中国市场？我国《商业银行法》第四十三条规定："商业银行在中华人民共和国境内不得从事信托投资和证券经营业务，不得向非自用不

动产投资或者向非银行金融机构和企业投资，但国家另有规定的除外。"这样来看，外资银行进入国内后，应该和国内银行一样，无法直接投资收购金融科技公司。

（三）我国现行金融市场规则面临压力

然而，我国《商业银行法》第四十三条是否会调整？最近国内多个场合已经在公开探讨对内资银行放开经营证券，虽然投资企业尚未成为热门议题，但未雨绸缪，备战更加激烈的银行业竞争是十分必要的。目前，商业银行投资金融科技公司在美国、欧洲、日本都是司空见惯的市场行为，而我国如果存在限制，不仅可能会受到外资的诟病，更为重要的是：让我国缺少了一种发展金融科技的路径，在全球金融市场竞争中处于不利地位。我们分析的目的不是喊狼来了，而是希望为探索中国金融业高质量发展之路提供借鉴。高质量金融是什么样的？标准是什么？学术界和有关机构都在研究，我们认为高质量金融至少是充分竞争的金融。我们要切实通过进一步扩大银行业开放程度，借鉴国际经验来加大中国银行业的改革力度，鼓励银行业利用金融科技提升竞争力，最终惠及实体经济、造福百姓民生。

三、中国银行业的应对之道

目前，中国的大型银行与金融科技公司的互动主要还是以项目合作、产品服务采购和财务投资（根据《商业银行法》第四十三条，我国商业银行目前不能直接财务投资金融科技公司等非银行类机构，主要是通过旗下具有投资功能的子公司进行财务投资）等比较传统的模式，彼此边界清晰、互不干扰。但如果我国大型银行长期不熟悉像美国、欧洲、日本那种投资金融科技的创新方式，将会降低我国银行业的国际竞争能力。中国的大型银行应该积极备战新型金融科技竞争。

（一）不拘一格，以更加柔软灵活的身段与金融科技公司互动

积极探索大型银行与小型金融科技公司之间的互动形式，让大象与蚂蚁共舞，打破简单的甲乙方合作关系，通过风投孵化、联合实验室、并购整合等多种形式，吸纳最具创新力的小型金融科技公司能力。在此过程中，不以消灭竞争为目的，恰恰相反，以放大小型企业竞争能力的方式，提高整个银行业的竞争水平。在整个互动过程中，保持银行内部跨条线之间的交流，特别是投资并购与业务条线，以业务长远发展为目标，储备相关金融科技人才，并使其能够长期保持专业专注，进而服务整个银行的战略发展。

（二）借船出海，通过并购整合金融科技公司实现"走出去"

通过学习借鉴国外大型银行并购整合金融科技公司的经验，我国大型银行可以直接建立运营和获客能力，迅速实现自身业务的本地化拓展。也可以借鉴国内大型互联网公司经验，通过并购海外重要市场上领先的金融科技公司，并将其业务与自身相连接，实现自身业务"走出去"，如蚂蚁金服并购英国跨境支付公司万里汇（WorldFirst）。

（三）主动沟通，因地制宜解决当前监管问题

大型银行还应积极向监管部门沟通自身并购计划方案，主动汇报并购目的、并购方式、未来规划、风险控制以及消费者保护等安排。针对

现有法律规定，国内大型银行要积极建言国家及监管机构，不要等着国外大型银行去建议金融改革，应具备"不落人后"的前瞻改革意识。

（四）防范风险，避免劳动关系纠纷

国外大型银行的员工流动性远高于我国大型银行，为避免并购后人员流动带来的社会矛盾，我国大型银行要深入分析国外经验的适用性问题，根据银行的自身特点，在并购前审慎有序地考察金融科技公司的运转情况及人员构成，在并购时谨慎处理新并购企业的人员聘用安排，既要合法合规，也要合情合理，避免日后产生劳动关系纠纷。

四、国家层面的建议

（一）法律先行，明确满足一定条件下境内外商业银行均可以并购整合金融科技公司

从美国及欧洲的实践来看，大型银行并购整合中小型金融科技公司，并没有对社会经济造成负面影响，反倒是推动了整个金融科技产业的良性发展，为传统金融焕发活力、与新型金融融合发展走出一条新路。同时，从图1我们发现一个现象，虽然亚洲大型银行在投资金融科技公司的排名中整体相对落后，但日本的三菱日联金融集团、三井住友金融集团排名相对靠前。2016年日本对该国《银行法》进行了部分修订（2017年4月起实施），允许该国银行在获得监管部门审批后，对金融科技公司进行投资，可能是这两家银行该方面表现相对较好的原因之一。建议以使用商业银行自有资本、通过独立子公司隔离信贷资金与投资之间的风险为前提条件，在立法层面明确无论境内外商业

银行均可以并购整合金融科技公司，但要在监管有力的前提下，保障并购整合过程合规、透明、公正，杜绝利益输送，银行有责任保障投资并购的科学性。

（二）监管同步，确保这条发展高质量金融的新路径行稳致远

2019年5月召开的第21届日内瓦世界经济会议，重点关注了全球金融科技的进展，特别是邀请众多美国、欧洲央行前高官、国际大型银行前高管、国际清算银行以及美国彼得森国际经济研究所等智库专家，详细研讨了金融科技的风险，提出很多尖锐的问题[①]，但未对大型银行并购金融科技公司提出异议。我们分析认为：在美国和欧洲范围，这些金融科技公司是依法展业，大型银行并购整合也在监管框架下，所以各方目前没有异议。建议充分考虑中国国情，使监管覆盖在金融科技公司展业和大型银行投资金融科技的全过程中，在初始阶段可以采取试点或沙盒监管形式，给予试点银行的探索创新一定的容忍和容错空间。

（三）对等开放，相关国家政府应放松对中国商业银行并购境外金融科技公司的限制

通过大型银行、智库、媒体以及政府等多个层面，在G20、国际清算银行等国际平台宣传我国进一步扩大对外开放的举措和理念，呼吁相关国家政府放松对中国商业银行并购境外金融科技公司的限制，给予中资银行国民待遇，平等对待中资银行在国际金融领域竞争，共同建设更加美好的全球金融行业。

---

① 中国建设银行研究院：《银行业的未来：转型技术时代的挑战与机遇——第21届日内瓦世界经济会议专题报告》，《观察述评》2019年第13期。

下 篇

金融科技创新研究

第十三章　开放银行溯源、辨析、实践与展望

近年来，随着数字经济和金融科技的发展，开放银行（Open Banking）的概念日趋火热，业界和监管部门都对开放银行进行了积极的理论研究和实践创新，开放银行已成为银行业数字化转型的未来方向。但无论是理论还是实践领域，开放银行都还处于探索阶段，对于开放银行的业务模式、流程设计、监管政策等方面都还需要进行深入研究。本书尝试从历史、现状与未来三个彼此连贯的视角探讨开放银行的理论与实践发展，探索开放银行未来可能的发展路径。

一、开放银行发展溯源

英国最早在监管层面提出开放银行理念。根据英国竞争和市场管理局（Competition and Markets Authority，CMA）发布的零售银行市场业务调查报告，传统大银行占据市场竞争优势地位，小银行和金融科技公司发展艰难，限制了英国金融业的市场竞争和金融创新，进而损害了客户的权益。为了鼓励竞争和创新、维护客户权益，CMA于

2015年推出"金融数据共享计划",引导银行在客户允许并充分保护个人隐私的前提下,通过API(Application Programming Interface,应用程序编程接口)向第三方服务提供商开放数据,以便为客户提供更好的服务。2016年,CMA发布"开放银行计划",要求英国9大银行(CMA9)建立并采用统一的开放银行服务数据和客户资格指标、银行服务质量指标与个人/企业账户交易数据,支持经认证的第三方服务提供商存取数据,为客户提供体验良好的定制化金融服务。2016年9月,CMA9成立开放银行实施实体(Open Banking Implementation Entity,OBIE),负责推进开放银行措施落地执行,并制定开放银行实施时间表(Agreed Timetable and Project Plan)。此外,2016年3月,英国财政部牵头成立的开放银行工作组(Open Banking Work Group,OBWG)发布了《开放银行标准框架》(*The Open Banking Standard*),提出了开放银行三大标准(数据标准、API标准、安全标准)和底层治理模型,全面规范开放银行的发展。

欧盟较早地在支付业务领域引入了开放银行理念。为了鼓励金融科技创新,欧盟于2009年发布《支付服务法令》(*Payment Services Directive*,PSD),引导银行提升支付服务水平。2015年,欧盟发布《新支付指令》(*Payment Services Directive* 2,PSD2),制定支付账户开放规则,要求银行在客户允许的前提下,将客户的账户和交易等金融数据通过开放API共享给第三方支付服务提供商,支持第三方支付服务提供商为客户提供便捷、个性化的支付服务。PSD2要求欧盟各国在2018年1月之前将PSD2转化为法律,为欧盟发展开放银行提供法律规范。2016年,欧盟发布《通用数据保护条例》(*General Data Protection Regulation*,GDPR),赋予欧盟居民对个人数据更多的控制权，设置严格的监管规则和违规处罚措施，全面保护居民个人数据安全。可见，欧盟在鼓励发展开放银行的同时也密切关注其安全与规范。

美国作为传统金融强国，金融市场发达，金融科技创新领先，开放银行发展主要由市场驱动。2016年11月花旗银行推出了CITI开发者中心，其中提供了8个业务条线的API，包括账户管理、点对点支付、机构汇款等业务。2017年10月，美国消费者金融保护局（CFPB）发布了关于消费者金融数据共享和整合的九条原则，对美国开放银行金融数据共享进行规范；2018年7月，美国财政部发布了《一个创造经济机遇的金融体系——非银机构、金融科技与创新》（*A Financial System That Creates Economic Opportunities — Nonbank Financials，Fintech，and Innovation*），在数字化、数据与科技等方面涉及了开放银行的规范发展。

中国关于开放银行的实践探索早于概念提出。支付宝、微信支付等第三方支付服务已经隐含了开放银行的理念，将支付融入购物、社交等场景中，使金融服务无形化、无感化、便捷化。2012年，中国银行提出"开放平台"概念并于次年推出中银开放平台；2016年，微众银行推出理财SDK；2017年，南京银行推出"鑫云"开放平台，浙江商业银行推出开放平台；2018年被视为国内银行业的"开放银行元年"，兴业银行、浦发银行、建设银行、招商银行、工商银行等先后发布开放银行相关产品平台或发展规划，开放银行进入爆发期。监管层面，中国尚未出台开放银行指导或政策框架。但随着开放银行的快速发展，可以预见中国金融监管部门将适时发布关于开放银行的专项性监管法规。

总而言之，监管层面，英国最早提出开放银行的完整概念；业务实践层面，开放银行的理念最早在支付业务中体现，之后随着金融科技的发展引起银行业的关注，在2015年左右进入发展快车道。当前，开放银行正在金融科技支撑下快速地拓展业务的深度和边界，银行、非银行金融机构和金融科技企业都在发挥各自的优势抢占开放银行市场。

二、开放银行概念辨析

开放银行目前没有一个统一、明确的概念，业界从不同的角度出发，对其有不同的归纳和理解，但各方对开放银行的定义通常都涵盖了"API""数据共享""平台合作"三个特征。一般认为，开放银行是通过API技术，在银行与第三方服务提供商之间实现数据共享，将银行的金融服务全面融入各种第三方服务场景中，从而提升客户体验的平台合作金融业态。

2014年1月，Gartner提出开放银行的概念，并在此后不断完善其定义。Gartner认为，银行未来的价值创造将不再是对核心资产的保护，而将来自核心资产的提供、分享和杠杆作用。开放银行通过与商业生态系统共享数据、算法、交易、流程和其他业务功能，为商业生态系统的客户、员工、第三方开发者、金融科技公司、供应商和其他合作伙伴提供服务，使银行创造出新的价值。

2016年8月，英国竞争和市场管理局（CMA）发布报告指出，用户更换银行的比例极低，使得传统的、大型银行竞争不充分，而新兴的、小型银行发展举步维艰，消费者的支出高于合理值（如高昂的透支费），且并未从新服务中获益。为解决该困境，其提出了开放银行概念，指银行通过API、SDK、H5等方式，以单个接口或者解决方案的形式，将银行金融能力开放给特定场景创新方、场景服务方，植入场景，基于场景为终端客户提供更加快捷、高效、无摩擦的金融服务体验，以便用户享受到技术进步好处并使小机构能够公平竞争。即开放银行是为解决中小银行发展和客户消费需求最大化而应运而生，最初通过数据标准化实现。

总而言之，开放银行以API、SDK等技术手段，基于平台实现银行与第三方服务提供商之间的数据共享，使得银行的服务全面融入各种应用场景，进而使得银行服务变得无形无感、无处不在，提升银行的价值，提升客户的使用体验。

三、开放银行业务实践

开放银行模式始于欧洲，但在美国和亚太地区得到飞速发展，大型银行、中小型银行以及金融科技公司都在开放银行模式中不断创新发展，探索开放银行新的业务模式。由于大型银行和中小型银行在客户基础、资金基础以及科技基础上的优势不同，其开放银行业务模式呈现不同的方式，即大型银行自建平台构建开放银行业务模式以及中小型银行依托金融科技公司服务平台开展开放银行业务模式。

（一）大型银行自建平台构建开放银行业务模式

1. 西班牙对外银行（BBVA）

西班牙对外银行于2016年正式上线开放银行平台，成为全球首家以商业化模式运作开放API的银行。目前西班牙对外银行在西班牙、墨西哥、美国3个国家共计开放12类API，主要关于零售客群数据、企业客群数据、多渠道数据整合和支付贷款授权等。

2. 花旗银行（CITI Bank）

2016年11月，花旗银行在全球推出CITI开发者中心，开放8大类API（账户管理、点对点支付、向机构汇款、花旗回馈、投资购买和账户授权等），授权的开发者能够访问不同类型的API构建多样的金融服务，这也为花旗银行积累了海量的数据。

3. 中国银行

中国银行早在2012年就提出"开放平台"概念，并于2013年9月正式发布中银开放平台。该平台致力于通过中国银行巨大的用户群体，吸引外部合作伙伴接入，将金融服务植入各类商业系统，构建多方共赢的金融生态圈。中银开放平台整合了银行各类金融业务接口，共开放1600多个API，提供多种金融服务（资金借贷、投资理财、外汇行情、金融支付、跨境金融等），并基于开放的API构建多种场景金融（中银易商、出国金融、养老宝、社区生活通、就医挂号、惠民金融等）。

4. 中国建设银行

中国建设银行（以下简称"建行"）于2011年提出"TOP+"战略，即Technology（科技）、Open（开放共享）、Platform（平台化、生态化），涵盖了开放银行的"API（可归为科技）""数据共享""平台合作"三个特征，体现了开放银行思维。2012年6月，建行推出电子商务金融服务平台"善融商务"，探索将金融服务与电子商务相融合，是开放银行的一种具体实践模式。2018年4月，建行成立建信金融科技有限责任公司，为五大行首创，目的之一就是通过金融科技公司的市场化机制，更好地推动专业化金融服务的对外输出、跨界融合和生态建设。2018年8月，建行开放银行管理平台正式上线，标志着建行的开放银行战略迈上了新台阶。

5. 中国工商银行

中国工商银行全面实施E-ICBC 3.0发展战略，并于2018年4月正式上线互联网开放平台，该平台定位于向全社会输出金融能力，构建开放、合作、共赢的金融服务生态圈，推动"智慧银行"转型（服务无所不在、创新无所不包、应用无所不能），首期上线9大类31项金融服务，在教育、汽车、零售、餐饮等领域拓展行业垂直解决方案。

（二）中小型银行依托金融科技公司服务平台开展开放银行业务模式

中小型银行由于自身资金紧张、技术薄弱等原因，只能通过与外部第三方开放平台合作，对合作机构开放API，进而借助开放平台触达客户。由此诞生了一批专业从事开放平台服务的金融科技公司，目前国际上知名的第三方开放平台，如Yodlee、Solaries Bank等均连接着许多传统中小型银行与商业应用生态。

Yodlee成立于1999年，专注于以第三方开放平台模式充当银行与客户之间的桥梁。Yodlee从银行处获取客户数据，以开放API的方式进行金融创新,为客户提供无缝连接的金融服务体验。据统计,Yodlee能够触达的客户规模在5000万人左右,但大部分客户在使用银行产品与服务时并不知道是由Yodlee在提供服务。

Yodlee的API产品主要包括三类:数据聚合、账户验证、资金流动。数据聚合API:利用机器学习等算法识别商户交易数据并将其分类,从而为上层商业应用生态系统内的公司提供精确、清晰、标准化和易于使用的交易数据源。账户验证API:以往银行账户验证过程需要花费数天时间,甚至需要客户核实银行账户中的小额存款以验证账户,而Yodlee的账户验证API将此过程缩短至秒级,客户只需要输入网上银行凭证即可实时验证账户内余额。资金流动API:使用Yodlee的API平台,客户可以通过第三方应用程序连接到自己的银行账户,并在一个安全的支付环境中转移资金。

四、开放银行未来展望

在金融科技的推动下,未来开放银行将继续朝着无形无感、无处不在的方向发展,推动金融服务泛在(Ubiquitous)于信息化社会的每个角落。展望未来,需要从业务创新、生态建设、科技应用、监管规范四个方面关注和推进开放银行的发展进程。

(一)业务创新:发掘开放银行新蓝海

开放银行已成为银行业数字化转型的未来方向,各类大型银行、中小银行应权衡自身资金实力、经营取向、科技能力等各方面因素,选择适合自身的开放银行发展策略,推动业务创新,探索开放银行新蓝海。

业务载体方面，各银行应立足自身擅长的业务领域，发掘可行的业务场景，进行靶向性的开放银行业务创新；平台建设方面，各银行应根据业务需要，灵活选择自建、与金融科技公司合建或者利用市场已有平台的建设模式；创新机制方面，各银行应坚持互联网思维，理顺内部机制体制，鼓励创新，容错试错，全面拥抱金融科技，营造有利于开放银行业务创新的内部环境；业务设计方面，各银行应坚持安全与体验并重的原则，把保障客户数据安全、得到客户授权作为开放银行业务创新的前提，并在此基础上将金融服务无形无感融入业务场景，提升业务流程的便捷性，优化客户使用体验。

（二）生态建设：打造新型金融生态圈

银行的本质是金融，开放银行是数字经济环境下银行发展的新形态。发展开放银行，不能脱离金融的本质，要选择合适的业务模式，打造新型金融生态圈，实现银行核心金融业务的转型和升级。

银行的核心金融业务可以高度抽象为"存""贷""汇"三个领域，开放银行创新应着力打造立足于这三个领域的新型金融生态圈。应设计契合具体业务场景的"存""贷""汇"创新产品，安全、便捷地满足客户在该场景下的资金存储、融资、支付结算等需求，并通过数据共享将创新产品无痕地嵌入场景，让客户无感地享受金融服务，便捷地实现场景需求，在一个业务场景下实现银行、第三方服务提供商和客户多赢，自然而然地形成围绕"存""贷""汇"三个领域的新型金融生态圈，实现开放银行创新的良性可持续发展。

（三）科技应用：发挥金融科技原动力

金融科技是开放银行发展的支撑，应充分发展金融科技、应用金融科技，使开放银行的发展具备内生的原动力。

API、SDK等技术是开放银行数据共享的基础，应密切关注金融科技的新发展，不断完善这些基础技术，提升开放银行安全性和数据共享效率；区块链、人工智能、大数据等新兴金融科技是当前金融创新的热点技术，应积极探索这些技术在开放银行创新中的应用，有效提升开放银行的安全和体验。

（四）监管规范：寻求创新风控平衡性

开放银行的本质仍然是金融，仍然需要有效的监管规范。对开放银行的监管规范应在鼓励创新和审慎监管之间寻求平衡，在有效防控风险的基础上引导和鼓励开放银行的创新。

一要引导银行、金融科技公司、第三方服务提供商等市场主体共同参与，制定API、SDK等基础技术规范和准入标准，减少市场摩擦和重复建设，提升开放银行市场效率；二要制定切合实际的开放银行专项性监管法规体系，并实现监管"一碗水端平"，防止监管套利；三要建立监管层面的容错纠错机制，在确保金融安全和稳定的前提下，为开放银行创新提供适度包容的监管环境，引导和鼓励开放银行发展；四要加强开放银行的跨国、跨地区监管合作，统一监管规范和标准，降低开放银行创新的跨国、跨地区合规成本。

参考文献

[1] 杨涛. 建立健全"开放银行"规则与监管的八大视角[N]. 21世纪经济报道，2019-04-04（004）.

[2] 杨东，龙航天. 开放银行的国际监管启示[J]. 中国金融，2019（10）：78-80.

[3] 杨望，王姝妤. 开放银行国际范式与中国实践[J]. 中国金融，2019（11）：24-26.

[4] 董希淼. "开放银行"来了，中小银行怎么办[N]. 证券日报，2019-06-01（A03）.

[5] 易宪容，陈颖颖，周俊杰. 开放银行：理论实质及其颠覆性影响[J]. 江海学刊，2019（2）：86-93.

[6] 曾刚，李重阳. 我国开放银行的实践与挑战[N]. 21世纪经济报道，2019-05-30（003）.

[7] 陆岷峰，张欢. 开放银行：历史、现状和未来趋势研究[J]. 湖南财政经济学院学报，2018（6）：5-11.

[8] 周琰. "开放银行"商业模式下中小商业银行战略转型研究[J]. 海南金融，2019（2）：3-8.

第十四章　金融人工智能的模型可解释性研究

在当下金融科技发展的浪潮中，人工智能应用于金融行业是大势所趋，但也存在一些"不适配"的情况，如模型"黑箱"问题。本文针对人工智能应用于金融领域时的模型可解释性（Model Interpretable）进行研究，分析导致模型"黑箱"问题的原因，探索有效的解决方案，提出一种新型的自动化监管科技工具——LIMER算法，并提出政策建议，不断推动金融科技向更高水平发展。

一、问题的由来

近年来，以人工智能为代表的创新技术飞速发展，对全球金融行业产生了重要影响。然而，人工智能模型"黑箱"的不透明性，也引起了国内外的多个政府机构及金融监管部门的关注，部分机构纷纷表示人工智能应用于金融领域时模型可解释的重要性（见表1）。

德国联邦金融监管局（BaFin）在2018年7月发布报告《当大数据遇上人工智能——金融监管面临的挑战与启示》（*Big Data Meets*

Artificial Intelligence — Challenges and Implications for the Supervision and Regulation of Financial Services）中指出，金融机构应用人工智能等技术的前提条件是使用一些方法能够洞察模型是如何工作的，以及做出决策的原因（即模型可解释性），从而防止模型被视为纯粹的"黑箱"。金融稳定理事会（FSB）在2017年11月发布报告《人工智能（AI）和机器学习在金融服务市场中的发展及其对金融稳定的影响》（*Artificial Intelligence and Machine Learning in Financial Services: Market Developments and Financial Stability Implications*）中也指出，人工智能和机器学习可能会给金融稳定带来许多挑战，比如基于人工智能和机器学习的模型极为复杂，普遍缺乏可解释性。开发者和使用者很难预测这些应用程序将如何影响市场，或将给金融市场稳定带来意想不到的冲击，引起宏观层面的系统性风险。现阶段应在切实评估人工智能和机器学习在数据隐私性、操作风险、网络安全等领域的应用风险的基础上，不断提高人工智能和机器学习相关应用模型的可解释性，加强对人工智能和机器学习在金融行业应用的配套监管。

中国的相关监管机构也做出了类似的要求。2018年4月，中国人民银行、中国银行保险监督管理委员会、中国证券监督管理委员会、国家外汇管理局四部委联合发布了《关于规范金融机构资产管理业务的指导意见》（以下简称《资管新规》），对金融机构资产管理业务提出了新的、更严格的要求。《资管新规》中指出，"金融机构应当向金融监督管理部门报备人工智能模型的主要参数以及资产配置的主要逻辑，为投资者单独设立智能管理账户，充分提示人工智能算法的固有缺陷和使用风险，明晰交易流程，强化留痕管理，严格监控智能管理账户的交易头寸、风险限额、交易种类、价格权限等"。此外，监管机构有关人士也在《金融科技（FinTech）发展与监管：一个监管者的视角》中指出，"金融机构在运用智能化系统为客户提供程序化的资产管理建议时，如果采用相似的风险指标和交易策略，可能在市场中导致更多的'同买同卖、同涨同跌'现象，加剧市场的波动和共振"。按照巴塞尔银行监管委员会对金融科技的分类（支付结算、存贷款与资本筹集、投资管理、市场设施），在投资管理中监管部门应重点关注"信息披露"与"投资者保护"，即模型可解释性。

表1 国内外政府机构及金融监管部门关于模型可解释性的主要观点

有关部门	观点来源	主要观点
德国联邦金融监管局（BaFin）	《当大数据遇上人工智能——金融监管面临的挑战与启示》，2018.07	金融机构应用人工智能等技术的前提条件是使用一些方法能够洞察模型是如何工作的，以及做出决策的原因（即模型可解释性），从而防止模型被视为纯粹的"黑箱"
金融稳定理事会（FSB）	《人工智能（AI）和机器学习在金融服务市场中的发展及其对金融稳定的影响》，2017.11	基于人工智能和机器学习的模型极为复杂，普遍缺乏可解释性。应不断提高人工智能和机器学习相关应用模型的可解释性，加强对人工智能和机器学习在金融行业应用的配套监管
中国人民银行、银保监会、证监会、外管局	《关于规范金融机构资产管理业务的指导意见》，即"资管新规"，2018.04	金融机构应当向金融监督管理部门报备人工智能模型的主要参数以及资产配置的主要逻辑，为投资者单独设立智能管理账户，充分提示人工智能算法的固有缺陷和使用风险
原中国银监会	《金融科技（FinTech）发展与监管：一个监管者的视角》，2017	金融机构在运用智能化系统为客户提供程序化的资产管理建议时，如果采用相似的风险指标和交易策略，可能在市场中导致更多的"同买同卖、同涨同跌"现象，加剧市场的波动和共振。按照巴塞尔银行监管委员会对金融科技的分类，在投资管理中监管部门应重点关注"信息披露"与"投资者保护"，即模型可解释性

综上所述，从监管部门的角度来看，掌握金融机构应用的人工智能模型的内部机理，可以更好地对消费者权益进行保护，实现"一碗水端平"，有助于去除模型设计时的"歧视性"因子。当前，人工智能有被妖魔化趋势，而正因为能力越强、责任越大，监管部门更不能让少数掌握人工智能技术的人侵害大多数人的利益。此外，对金融机构应用的人工智能模型进行解释使得监管部门能够把控金融风险，维

持金融市场稳定。

中国建设银行研究院于2018年的研究发现，人工智能应用于金融领域时具有较大的不平衡性，在借贷融资、资产管理中的应用要远多于在信息提供、支付结算等业务中的应用。我们认为制约人工智能在金融领域平衡发展的诸多因素之一即是当人工智能模型应用于金融领域时，对模型内部运行机理的不理解，即模型无法解释。

当人工智能模型应用于金融领域时，如果没有对模型进行充分理解而应用模型做出业务决策，有可能会使模型的使用者对风险的意识逐渐淡漠，进而累积金融风险。例如，在人工智能模型应用于贷前授信环节的风险管理时，如果不了解模型的运行原理而对客户的违约概率进行预测，可能会出现授信失当的情况；在资产管理业务中，通过传统的方法，不论是技术面分析还是基本面分析，投资者都能够知道决策的每一个细节，而当使用人工智能模型，即利用"智能投顾"为投资者的投资做出建议时，模型可能会给数量众多的投资者同时提供相似的投资建议。如果投资者不了解模型做出建议背后的原因，则"同买同卖"的情况有可能出现，这会放大单一金融风险。因此，金融模型无法解释已经成为人工智能在金融领域应用的一大障碍。

二、金融模型无法解释的原因

我们认为导致金融模型无法解释的原因在于"技术领跑规则"。一方面，人工智能技术本身飞速发展，模型越来越复杂，客观上造成模型无法解释的事实；另一方面，监管规则岿然未动，即监管机构并未及时出台相关政策以适应技术的发展，造成"技术领跑规则"的局面。本书将以商业银行风险加权资产（RWA）计算为例说明监管规则在适应商业银行应用人工智能模型时的滞后性。

（一）技术本身飞速发展

随着技术的飞速发展，人工智能模型的性能不断增强，各种预测任务的准确率不断提高，而模型的复杂程度也越来越高。例如，最初的感知机模型中只有几个参数，发展至如今的深度神经网络模型中的参数个数甚至可以高达百万个。

复杂的模型在做出决策时，并不会向模型的使用者告知决策的依据，而且以神经网络为例，人类可以控制的超参数如学习率、正则化项系数、隐含层个数等也不能对模型的运作机理做出说明，而只是影响模型效果的优劣。因此，模型往往被看成一个"黑箱"，我们只能知道模型的输入与输出，而无法知道模型内部运行的过程。这会导致模型的使用者无法掌握模型究竟从数据中学习到了哪些知识从而做出最终决策，进而使得模型的使用者产生对模型的不信任感。模型的使用者最终不得已在一些关键的任务中放弃准确度较高的模型（如神经网络），转向传统的、简单的机器学习或统计模型（如线性回归和决策树）。以人工智能模型检测癌症为例，尽管斯坦福大学的人工智能实验室创新发明的深度神经网络模型能够以91%的准确率诊断患者是否患有皮肤癌，但是使用该模型的医生并不敢仅凭借模型的判定结果即诊断患者是否患有该绝症。

（二）监管规则岿然未动

20世纪90年代以来，随着计算机技术、通信技术、金融工程技术的不断进步以及全球金融市场的发展，国际化大型商业银行风险建模的方法日趋成熟，在授信管理、风险定价、资本配置等方面的运用范围越来越广。为了准确计量信用风险，巴塞尔委员会于2006年发布"巴塞尔Ⅱ"，在维持"巴塞尔Ⅰ"框架下的资本定义和资本充足率监管要求两个要素不变的同时，全面引入模型方法，特别是允许商业银行使用内部评级法（IRB）计算风险加权资产（RWA），从而显著提高了监管资本要求的风险敏感性（新巴塞尔协议，即"巴塞尔Ⅲ"延续类似的要求，只是对计算细节进行了完善）。采用模型方法计算风险加权资产（RWA），使商业银行内部的风险评估在监管资本要求设定上发挥了决定性作用。在最新的巴塞尔监管框架下，资本充足率监管包括三个基本要素——资本定义、风险加权资产（RWA）和资本充足率监管要求。其中，风险加权资产（RWA）的计算是资本充足率监管的技术核心，也是整个资本充足率监管框架的基础。

根据"巴塞尔Ⅲ"规定的风险加权资产（RWA）计算规则，对于未违约的主权、金融机构、公司和零售风险暴露的风险加权资产计算，应当首先分别计算每类资产中单笔信用风险暴露的相关性（R）和期限调整因子（b），这里主要利用的指标为资产的违约概率（PD）；其次，计算单笔非零售风险暴露和零售风险暴露的资本要求（K），这里不仅要利用资产的违约概率（PD），还需要利用的指标为资产的违约损失率（LGD）；最后，计算单笔信用风险暴露的风险加权资产（RWA），这里需要利用的指标为违约风险暴露（EAD）。采用IRB高级法的商业银行在计算风险加权资产时，主要利用的指标——违约概率（PD）、违约损失率（LGD）以及违约风险暴露（EAD）都需要由商业银行自行开发相应的模型进行估计。

然而，在估计上述三个指标所使用的模型方面，目前监管机构对商业银行使用人工智能等新兴技术产生的模型有较大的排斥，原因就在于这些模型复杂度高、无法解释，这会给监管机构带来较大的监管执行障碍。尽管目前监管机构要求估计这些指标值的模型参数与运行机理可以被较容易地理解与掌握，但是监管机构未给出建议该如何实现模型可解释，也未出台任何相关政策配套执行，以适应新技术的应用。

三、模型可解释性的含义

关于模型可解释性的含义，目前学术界和产业界都没有统一的定义，因此，本书根据对模型可解释性的相关研究进行归纳与总结。

（一）模型为什么需要解释

广义的可解释性需求来源于人类对某一问题和任务了解得不够充分。具体到人工智能领域，尽管复杂的人工智能模型，如深度神经网络具有极高的表示与拟合能力，配合一些堪称"现代炼金术"的调参技术可以在很多具体任务上达到很高的准确度，但对人类而言，训练得到的模型只是一堆看上去毫无意义的具有多个参数的非线性函数公式并具有拟合度非常高的判定结果。然而，模型本身也意味着知识，人类在使用模型的输出结果的同时，也希望知道模型究竟从数据中学习到了哪些知识，得到了哪些洞察（以人类可以理解的方式进行表达），进而产生最终决策。

（二）模型可解释性的定义

人工智能领域中的模型可解释性指的是以人类能够理解的形式（图像或文字）对模型产生决策背后的原因进行说明，进而使得模型不仅可以以较高的准确度产生判定结果，而且可以使人类对模型合乎逻辑的理由、潜在的关联性（即新知识）有充分的了解，消除人类在使用人工智能模型时对模型的不稳定、不确定产生的担忧。

四、遴选解决金融模型无法解释的技术手段

为了解决金融模型无法解释这一问题，本书对相关技术手段——模型可解释方法进行遴选，并对哪一种方法更适合于金融领域进行探讨。德国联邦金融监管局（BaFin）在2018年7月发布的报告中对如何解决金融模型无法解释的问题给出了方向性指引，指出该问题是可能被解决的，但未给出具体的方法和相关政策建议。因此，本书对其展开进一步研究，分析适用于金融领域模型可解释的具体方法。

自2009年以来，在人工智能技术领域，因为意识到了模型可解释性的重要作用，国内外的统计学、信息学、计算机科学等学者对此问题已经开展了丰富的研究。现有研究中提出的模型可解释方法可以分为隐含层神经元分析方法、模仿者模型方法与局部解释方法三类，为便于理解，分别称之为"模糊法""模仿法""模范法"。

（一）"模糊法"——隐含层神经元分析方法（Hidden Neuron Analysis Methods）

隐含层神经元分析方法通过可视化神经网络中隐含层神经元的

局部特征来解释已经训练好的深度神经网络，"管中窥豹，可见一斑"，该方法希望通过所观察到的"斑点"，对整体"豹子"的行为进行解释。因为无法通过一个"点"看清全部的"面"，本书又将隐含层神经元分析方法称为"模糊法"。

神经网络由层次化的神经元与连接两两神经元的边组成。每个神经元根据不同的输入，经过特定的激励函数（activation function）得到相应的输出，再与其后相连的边上的权值进行运算得到下一层神经元的输入。神经网络中的神经元可根据所处位置的不同分为输入层、输出层与隐含层，输入层与输出层位于网络的首位两端，其中间的神经元构成隐含层。

在隐含层神经元分析方法的相关研究中，Yosinski等（2015）对特定的卷积神经网络ConvNet中隐含层神经元激励函数的输入进行可视化，根据输入的特征观察该隐含层的作用。此外，作者还提出了一个正则化优化方法，以产生更好的可视化效果。Erhan等（2009）提出了一种隐含层神经元激励函数输出最大化的方法和一种基于单位采样的方法来可视化隐含层神经元学习到的局部特征。Cao等（2015）利用一个反馈回路来推断神经网络隐含层神经元的激活状态，从而可视化隐含层神经元对目标输出的关注程度。为了了解隐含层神经元所学习到的特征，Mahendran等（2015）提出了一种通用的图像恢复框架，将从输入图像数据中学习到的特征映射到一个重建的图像中，进而将隐含层神经元的局部特征直观地展现出来。Zhou等（2017）用最符合人类理解的语义概念标记每个隐含层的神经元以解释特定的卷积神经网络。

综合上述研究，隐含层神经元分析方法提供了定性地洞察神经网络中每个神经元作用的方法,然而,这种方法的问题在于对每个神经元进行定性分析并不能对整个神经网络的运行机制提供定量的解释。更重要的是,可视化的方法对输入为图像数据的神经网络,特别是卷积神经网络有较好的解释性。在金融领域,人工智能模型多应用于风险管控或资产管理业务,在相关场景中,人工智能模型作用于图像数据的应用还不是太多,因此,该种模型可解释方法在金融领域的使用效果不会十分明显。

(二)"模仿法"——模仿者模型方法(Mimic Model Methods)

模仿者模型方法通过训练一个简单的、可解释的模仿者模型来模拟和解释深度神经网络的行为。在输入相同的前提下,模仿者模型具有与深度神经网络相似的输出。通过删繁就简,模仿者模型方法将一篇内容繁杂的"文章",提炼成高度概括的"摘要",以"摘要"解释"文章"。因为"摘要"和"文章"有相同的主旨,本书又将模仿者模型方法称为"模仿法"。

在模仿者模型方法的相关研究中,Ba等(2014)提出了一种使用神经网络的输入样本训练模仿者模型进而对复杂的模型进行简化与压缩的方法。Hinton等(2015)提出了一种"蒸馏"算法,通过训练一个相对较小的模仿者模型来模拟原来复杂神经网络的预测概率,从而提取(即"蒸馏")出原来神经网络中的知识与洞察。为了提高"蒸馏"算法的效率和解释性,Frosst和Hinton(2017)开展进一步研究,通过训练软决策树模型来模拟深度神经网络的预测概率,对"蒸馏"算法进行了优化。Che等(2015)提出了一种可解释的显性特征模拟学习方法。Wu等（2018）提出了一种利用二叉决策树模型模拟深度时间序列模型的分类函数的正则化方法。

综合上述研究，通过模仿者模型方法构建的浅层模型比深度神经网络的可解释性要强得多，然而，由于模仿者模型的复杂度相对于深度神经网络被大大降低，我们不能保证较简单的浅层模型能够成功地模拟出具有较大VC-Dimension（Vapnik-Chervonenkis Dimension）[①]值的深度神经网络。因此，模仿者模型给出的解释与目标深度神经网络的实际运行机制之间还会存在一定的差距。

（三）"模范法"——局部解释方法（Local Interpretation Methods）

局部解释方法通过分析某个输入实例对预测（输出）的局部扰动来计算或可视化输入实例的重要特征，即给出模型根据该输入得出相应预测的原因。通过树立"典型"，局部解释方法对"群体"的行为特征进行解释，因此，本文又将局部解释方法称为"模范法"。

在局部解释方法的相关研究中，Simonyan等（2013）通过计算某个特定输入图像在不同输出分类中的分数相对于输入图像的梯度，为每个输出分类中的图像生成一个代表图像，达到解释该输入与输出间关系的目的。此外，该种方法还可以被应用到任意的分类模型中。Ribeiro等（2016）提出了一个称为LIME的算法，LIME通过在输入实例周围的局部区域训练可解释的模型来解释分类模型针对该输入实例的预测结果。Zhou等（2016）提出了一个称为CAM的算法，CAM利用卷积神经网络中的全局均值池化（Global Average Pooling，GAP）技术

---

① VC-Dimension是为了研究学习过程一致收敛的速度和推广性，由统计学理论定义的有关函数集学习性能的一个重要指标。

来识别每类图像的特征区域,该区域可以被当作对该类图像的一个解释。Koh等（2017）使用影响函数（influence functions）跟踪模型的预测结果,并确定对预测结果影响最大的输入实例,该实例即为对该预测结果的解释。

综合上述研究,局部解释方法为每个单一的输入实例与相应预测生成具有解释性的输入实例特征,相较于"模糊法""模仿法","模范法"并无明显缺点,只是该方法在应用于金融领域时,逐一解释的方式可能提高监管成本。

隐含层神经元分析方法、模仿者模型方法以及局部解释方法各具优缺点,如表2所示,在金融领域适用性方面,我们认为局部解释方法适用性最高,而模仿者模型方法适用性一般,隐含层神经元分析方法最不适用于金融领域。在金融领域应用人工智能模型时,所基于的数据类型在多数情况下都不是图像数据,因此,隐含层神经元分析方法不适用于金融领域。如只希望对模型的运行机制进行概括性了解,可以采用模仿者模型方法,但解释效果不是最理想,因为浅层模型一定无法代替复杂模型,因此,模仿者模型方法在金融领域适用性一般。如希望得到模型针对某个特定的输入实例产生相应预测结果背后的原因,则可以采用局部解释方法,该方法能够解释复杂模型的实际运行机制,精准度较高,因此最适合于金融领域。因此,监管机构可以采用基于局部解释方法的模型可解释方案对商业银行应用于其相关业务领域的人工智能模型进行解释。

表2　　　　三类模型可解释方法在金融领域的适用性分析

名称	优点	缺点	金融领域适用性
隐含层神经元分析方法（模糊法）	以可视化的形式展现对复杂模型细节的解释,比较直观	1.只适合图像数据,不适合金融领域;2.只能解释模型的细节,无法解释模型的整体行为	低

续表

名称	优点	缺点	金融领域适用性
模仿者模型方法（模仿法）	以浅层模型模拟复杂模型，对模型的整体行为比较容易进行解释	1.浅层模型给出的解释与复杂模型的实际运行机制存在差距；2.无法给出模型做出预测的原因	中
局部解释方法（模范法）	针对单一预测进行解释，能够解释复杂模型的实际运行机制，能够给出模型做出预测的原因，精准度比较高	1.相较于"模糊法""模仿法"并无明显缺点；2.逐一解释的方式可能提高监管成本	高

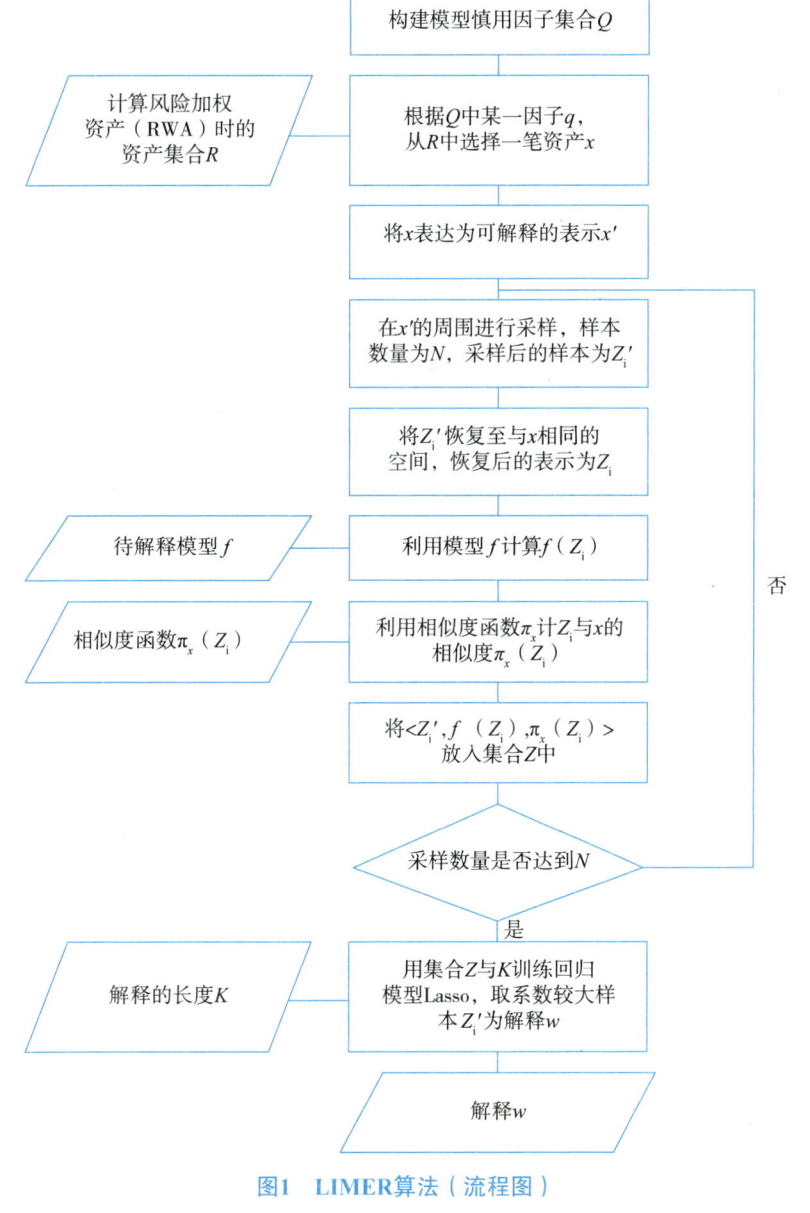

图1 LIMER算法（流程图）

五、金融模型"黑箱"问题的解决方案

（一）最大限度满足现有监管规则的模型可解释方案——以风险加权资产（RWA）计算过程为例

根据本书对解决金融模型无法解释这一问题的技术手段的遴选，我们认为在使监管机构接纳商业银行使用人工智能模型进行指标估计方面已经有了切实可行的技术解决方案。具体为，监管机构首先构建一个模型慎用因子集合，该集合中的因子都是监管机构不允许商业银行在构建人工智能模型时采用的因子。然后，监管机构根据集合中的因子从商业银行在计算风险加权资产（RWA）时所利用的资产（主权、金融机构、公司和零售资产）中选出特定的单笔资产。利用局部解释方法，监管机构可以对商业银行估计该笔资产的违约概率（PD）等指标时使用的人工智能模型进行解释。如果在得到的解释中没有相应的模型慎用因子，则该模型可以被视为合规，否则，商业银行需要对所使用的模型进行整改。

（二）一种新型的自动化监管科技工具——LIMER算法

依据上述方案，本书基于局部解释方法中的LIME算法，提出一种新型的自动化监管科技工具——LIMER算法（LIME-RWA，简称LIMER），即自动化监管模型可解释的核心算法，同时也有效避免了采用局部解释方法时监管成本上升的问题。LIMER算法的流程图如图1所示。

如下是LIMER算法（伪代码）。

input：待解释模型 f（可以为任意的复杂模型）；商业银行计算风险加权资产（RWA）时的资产集合 R

output：，商业银行利用对进行违约概率（PD）预测时，对 f 的解释 w

1. $Q \leftarrow build$（）; // 监管机构建模型慎用因子集合 Q

2. $x \leftarrow select$（$q \in Q$）; // 监管机构根据 Q 中某一因子 q，从 R 中选择一笔待检查资产 x

3. $x' \leftarrow transform$（x）; // 将 x 表达为可解释的表示 x'

for $i \in \{1, 2, \cdots, N\}$ do

4. $z_i' \leftarrow sample\_around$（$x'$）; // 在 x' 的周围进行采样，采样数量为 N，采样后的样本为 z_i'

5. $Z \leftarrow Z \cup <z_i', f(z_i), \pi_x(z_i) >$; // 将 z_i' 恢复至与 x 相同的空间，恢复后的表示为 z_i，利用模型计算 $f(z_i)$，利用相似度函数 π_x 计算 z_i 与 x 的相似度 $\pi_x(z_i)$，并将该元组放入集合 Z 中

end for

6. $w \leftarrow K\_Lasso$（Z, K）; // 利用集合 Z 与 K（解释的长度）训练回归模型 Lasso，z_i' 为特征、$f(z_i)$ 为标签，并取系数较大的样本 z_i' 作为解释 w

7. return w; // w 即为商业银行利用模型 f 对资产 x 进行违约概率（PD）预测时对 f 的解释

六、相关政策及建议

（一）针对"巴塞尔Ⅲ"的建议——在内部评级法中明确允许商业银行使用人工智能模型

"巴塞尔Ⅲ"对采用内部评级法进行风险暴露计算的细节进行完善，但未明确指出商业银行估计资产的违约概率（PD）、违约损失率（LGD）以及违约风险暴露（EAD）的模型可以为以人工智能为代表的新技术模型。如前文所述，当前对应用于风险加权资产（RWA）计算过程中的人工智能模型，我们已经有了切实可行的可解释方案。因此，我们建议"巴塞尔Ⅲ"在内部评级法中明确允许商业银行使用人工智能模型，同时启动对模型慎用因子集合构建原则的讨论。

（二）针对中国监管机构的建议——采用自动化监管科技工具对商业银行使用的人工智能模型进行解释

依据上述以风险加权资产（RWA）计算过程为例的模型可解释方案，我们建议监管机构认识到人工智能"黑箱"是可以被解释的，在坚守监管初衷的同时调整自身的监管政策，接纳商业银行使用人工智能技术进行建模，并根据国情研究构建模型慎用因子集合，采用自动化监管科技工具对商业银行使用的人工智能模型进行解释，以适应建模技术的变化，便于商业银行对新的人工智能模型进行测试和部署。

（三）针对大型商业银行的建议——采用模型可解释方案不断提升对人工智能风险的控制能力

对于大型商业银行，我们建议使用人工智能相关技术建立新的模型，利用更多源的数据评估资产的违约概率（PD）、违约损失率（LGD）等重要指标。同时，大型商业银行在设计与开发模型应用于金融领域时，采用模型可解释方案有望全面提升对人工智能风险的掌控能力。例如，在风险管控与资产管理等业务领域，模型可解释也有诸多好处：一是可以使得模型更为有效（对模型进行解释的过程也即知识发现的过程，商业银行可以利用"新知识"优化和改善模型的效果）；二是可以使得商业银行更容易满足监管机构的合规要求（如前文所述）；三是可以保护商业银行的从业者；四是可以检查由于数据集中混入在实际情况中不会出现的数据以及训练数据与测试数据不一致等导致的模型错误。因此，我们也建议大型商业银行在满足监管要求的前提下，积极使用模型可解释方案不断提升自身对人工智能风险的把控能力，将以人工智能为代表的金融科技新兴技术应用于业务发展，高质量推动银行业的数字化转型。

参考文献

[1] 中国人民银行、中国银行保险监督管理委员会、中国证券监督管理委员会、国家外汇管理局. 关于规范金融机构资产管理业务的指导意见（银发〔2018〕106）．

[2] 李文红，蒋则沈. 金融科技（FinTech）发展与监管：一个监管者的视角. 金融监管研究，2017．

[3] 闫晗，边鹏. 金融领域人工智能研究进展. 金融科技研究与评估2018：全球系统重要性银行金融科技指数，北京：中国发展出版社，2018：157-176．

[4] BaFin. 2018. Big Data Meets Artificial Intelligence – Challenges and Implications for the Supervision and Regulation of Financial Services.

[5] FSB. 2017. Artificial Intelligence and Machine Learning in Financial Services: Market Developments and Financial Stability Implications.

[6] J. Yosinski，J. Clune，A. Nguyen，T. Fuchs，and H. Lipson. 2015. Understanding neural networks through deep visualization. arXiv:1506.06579（2015）．

[7] D. Erhan，Yoshua Bengio，A. Courville，and P. Vincent. 2009. Visualizing higher-layer features of a deep network. University of Montreal 1341（2009），3.

[8] C. Cao，X. Liu，Y Yang，Y. Yu，J. Wang，Z. Wang，Y. Huang，L. Wang，C. Huang，et al. 2015. Look and think twice: Capturing top-down visual attention with feedback convolutional neural networks. In ICCV. 2956 – 2964.

[9] Aravindh Mahendran and Andrea Vedaldi. 2015. Understanding deep image representations by inverting them. In CVPR. 5188 – 5196.

[10] Alexey Dosovitskiy and Thomas Brox. 2016. Inverting visual representations with convolutional networks. In CVPR. 4829 – 4837.

[11] Bolei Zhou, David Bau, Aude Oliva, and Antonio Torralba. 2017. Interpreting deep visual representations via network dissection. arXiv:1711.05611（2017）.

[12] Jimmy Ba and Rich Caruana. 2014. Do deep nets really need to be deep?. In NIPS. 2654–2662.

[13] Geoffrey Hinton, Oriol Vinyals, and Jeff Dean. 2015. Distilling the knowledge in a neural network. arXiv:1503.02531（2015）.

[14] Nicholas Frosst and Geoffrey Hinton. 2017. Distilling a neural network into a soft decision tree. arXiv:1711.09784（2017）.

[15] Z. Che, S. Purushotham, R. Khemani, and Y. Liu. 2015. Distilling knowledge from deep networks with applications to healthcare domain. arXiv:1512.03542（2015）.

[16] M. Wu, M. C Hughes, S. Parbhoo, M. Zazzi, V. Roth, and F. Doshi-Velez. 2018. Beyond sparsity: Tree regularization of deep models for interpretability. AAAI（2018）.

[17] Karen Simonyan, Andrea Vedaldi, and Andrew Zisserman. 2013. Deep inside convolutional networks: Visualising image classification models and saliency maps. arXiv:1312.6034（2013）.

[18] Marco Tulio Ribeiro, Sameer Singh, and Carlos Guestrin. 2016. Why should I trust you?: Explaining the predictions of any classifier. In KDD. 1135–1144.

[19] Bolei Zhou, Aditya Khosla, Agata Lapedriza, Aude Oliva, and Antonio Torralba. 2016. Learning deep features for discriminative localization. In CVPR. 2921–2929.

[20] R. R Selvaraju, A. Das, R. Vedantam, M. Cogswell, D. Parikh, and D. Batra. 2016. Grad-cam: Why did you say that? Visual explanations from deep networks via gradient-based localization. arXiv:1610.02391（2016）.

[21] Pang Wei Koh and Percy Liang. 2017. Understanding black-box predictions via influence functions. arXiv:1703.04730（2017）.

第十五章　商业银行构建智能风控大脑的框架研究

人工智能在金融领域的应用，如果仅仅是定位于替代人，不仅难度大，而且冲突多、易震荡，如果着眼于做出现有手段不具备的创新之道，其潜力空间将海阔天空。特别是在当前防风险的大形势下，商业银行在风险控制方面亟须广泛、深入地借助人工智能，构建智能风控大脑。

一、商业银行构建智能风控大脑的意义

（一）提升消费者体验

消费者在享受线上银行服务时，总会纠结于安全问题。一方面，消费者担心线上服务不可靠，不敢用；另一方面，消费者同样担心银行在线上服务的风控环节复杂、不够人性化、不好用，因此不愿意用。在这两方面驱动下，消费者会有回避线上服务、转与线下实体银行打交道的倾向，因为实体银行的服务是真人面对面服务，遇到问题，消费者可以基于与

生俱来的交流方式与银行人员打交道,但在线上往往遇到的风控手段都是"简单粗暴"。商业银行通过构建智能风控大脑,运用人工智能、大数据等手段,可以与消费者建立起类似线下甚至超越线下的风控服务。

(二) 防范道德风险

2017年,媒体曝光多起商业银行案件,都与"抽屉协议"有关,随着市场环境的变化,这类商业银行内部的道德风险也不时出现在人们视野中。如果说风险是商业银行永恒的主题,那么道德风险肯定也是这个主题中永恒的一部分,因为但凡有人,就蕴含着道德风险。机器代替人操作,也就是俗称"人控"变"机控",为化解道德风险难题提供了一条解决途径,从而可能化道德风险为机器"红利"。

(三) 提升集约化经营水平

商业银行的核心竞争力之一是风控能力,为了防范各种业务风险,会在每个业务条线都部署专门风险团队,更不用说传统大型银行,为了满足各种监管合规要求,需要部署数目可观的人力资源。商业银行的智能风控大脑,可以替代风控中的重复劳动,使现有风控人员从事更有价值的工作,从而提升现有风控体系的集约化水平,降低商业银行经营成本和整个社会范围的金融成本。

二、智能风控大脑的框架思路

商业银行在企业级风控领域全面引入人工智能,以智能风控大脑为主体,构建从线上风险的感知、分析到应对的全方位、全流程风控体系。智能风控大脑是通过生物识别、威胁情报中心、反钓鱼中心、移动端设备信息采集、风险举报云平台等感知识别风险，综合运用机器学习模型+专家规则、知识图谱+图计算、自然语言处理+文本挖掘等判断风险、分析影响，对风险开展分级，灵活地采取多样的应对措施。智能风控大脑涵盖三大引擎，包括机器学习算法引擎、反欺诈模型规则引擎、风控手段引擎。通过全面构建智能风控大脑，提高风控的能力和效率，为商业银行线上业务发展保驾护航。最终达到的消费者体验效果是：商业银行的风控是"无所不在""无所不知"和"无所不能"。智能风控大脑的整体框架见图1。

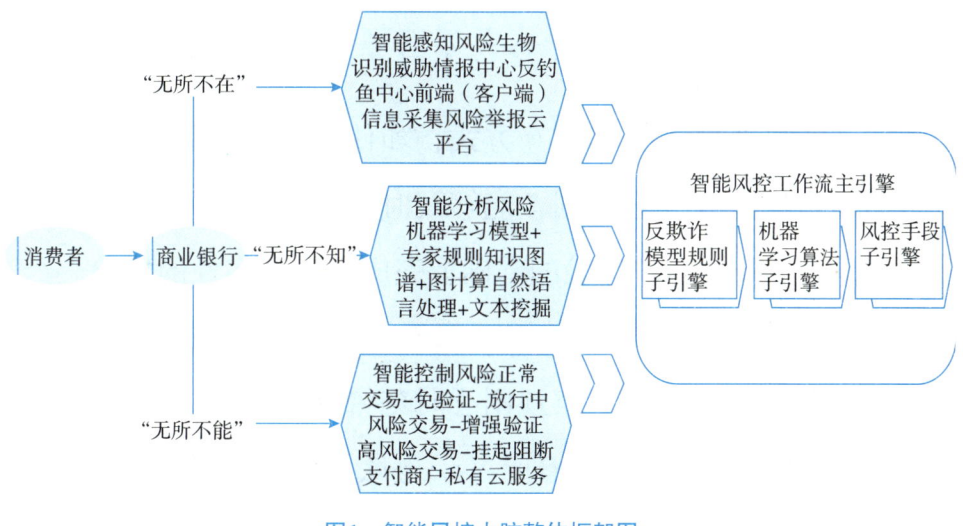

图1 智能风控大脑整体框架图

三、消费者侧对智能风控大脑的体验

（一）"无所不在"的银客触达体验

消费者通过智能设备上的指纹、人脸、声纹等生物识别功能接入银行服务,随时随地,无须繁杂的认证环节,无须专用的硬件设备,也无须冗长的密码,仅仅依赖消费者既有的条件,在认证环节实现自然式交互(自然式交互是指将我们在日常环境中与实体沟通交流时习得的技能、经验应用到计算机创造的虚拟环境中,以在物理世界中的交流方式与数字世界中的对象进行交流)。

当消费者感知到金融威胁(风险)信号,可以通过上述自然式交互认证接入银行,将金融威胁上传给银行。与此同时,消费者感知不到的是,银行在反钓鱼、网络威胁应对和消费者终端信息采集方面做的工作。

(二)"无所不知"的银客关系管理

消费者如果变更了银客交互方式,如使用不常使用的终端,银行通过机器学习模型或专家规则,能够及时感知、自动友好提示,通过加强验证,在不降低客户体验的基础上完成交易真实性的核验。

如果是欺诈分子伪装成的消费者,他的体验恐怕就不那么理想了。不仅机器学习模型和专家规则会时刻警惕他们的操作,还有银行各种数据构建的知识图谱,形成一个连欺诈分子都想象不到的"天网"在等待他们的登录。

还有消费者体会不到的是,银行会通过网络内容挖掘(Web Content Mining)与自然语言处理(NLP),在互联网上搜集各种威胁信息,随时掌握最新的欺诈事件和欺诈威胁。

(三)"无所不能"的线上解决方案

以往的银行出于对风险的敬畏,限于当时的技术手段,风控要么是限制线上业务交易，要么就是直接阻断交易，消费者既不能在线上享受到丰富的金融服务，又不能根据需要流畅地完成线上业务办理。在智能风控大脑的支持下，消费者将能感受到有温度的服务，银行服务将不再是"生硬"，而是"柔软"。几乎所有业务都向消费者开放，消费者交易中一旦遇到"风控"手段，银行会在线上直接用多重手段，从简单到复杂，逐级验证交易真实性，只要风控手段能够覆盖交易风险就直接放行交易，让消费者的线上银行之旅既有安全感又有舒适感。

除了消费者，银行还连接了大量线上商户，这些商户大量都是小微企业，出了风险事件也要自己去赔。银行可以把分析出来威胁信息进行量化提醒给商户，让商户根据自身经营自己决定是否对交易采取风控手段，从而支持小微企业规避风险、健康经营。

四、银行侧智能风控大脑的主要内容

（一）智能感知风险

1. 应用生物特征识别，全面开启线上认证"去工具化"

运用人脸识别技术线上办理电子银行签约业务。为适应互联网生态下的变化，提升在线获客和活客能力，与公安部合作应用"实人+实名+实证"强信任级身份认证，可实现完全线上开户e账户等Ⅱ类账户，实现渠道签约、服务激活开通、对外电子认证服务等应用。运用人脸检测，关键点定位与坐标值返回，通过指定动作、红外检测等技术判定对象是否为真实的活体。有效防范视频、翻拍、面具等攻击手段。

引入较为先进的IFAA标准，使银行生物认证应用更易推广。可以引入较为先进的、通用性较强的IFAA标准，使银行具备在支持IFAA的设备上进行认证（指纹、人脸等）的能力，积极应用3D识别、红外识别等新技术手段，提升客户体验。

2. 搭建威胁情报中心，敏捷实施防控

利用先进技术挖掘威胁情报，助力风险快速布防。综合运用非结构化数据处理（如网络爬虫），从互联网、公安机关、银行客户服务中心收集威胁情报，采集欺诈案件，获取风险信息，开展自动化文本挖掘分析，及时预警。

3. 构建反钓鱼平台，提升反钓鱼能力

搭建全流程智能化的反钓鱼工作平台。搭建一体化的反钓鱼工作平台，提供智能化的钓鱼网站搜索的分析确认功能，提供自动化的反钓鱼工作机制，提升反钓鱼业务的整体智能化水平。整合疑似钓鱼域名获取来源，提升钓鱼网站搜索效率。增加钓鱼网站自动报送关闭功能，提升关停效率。

引入人工智能，提升钓鱼网站主动搜索及识别能力。引入机器学习方法，预测钓鱼网站域名，提升可疑域名搜索能力。引入智能分类算法，使用贝叶斯和神经网络定向爬虫，提升主动侦测能力。

4. 引入生物探针，采集设备指纹，提升客户端安全性

结合客户端态势感知探针与服务端业务模型分析。采集分析客户

手机操作行为，包括按压力度、左右手习惯等手机操作信息，建立了一套完善的移动威胁分析平台。利用专家模型对移动威胁分析平台进行数据分析，不断优化模型，形成客户移动端设备环境信息评价，及时发现威胁。

5. 搭建公有云风险举报平台

搭建手机银行、网银、网站、微信、客服中心风险举报公有云平台，借助公有云架构，向客户、商户及其他外部机构提供风险举报服务，能够提升风险举报效率及客户体验，并且系统扩展性及弹性空间更好，亦有利于风控模型及时训练调优（相关反馈技术）。该公有云平台可以向处理人员提供接口功能，联动风险交易核实、联系客户、风险处理、商户协查、转接风控案件记录等功能。

（二）智能分析风险

（1）构建知识图谱视图，开展图计算，提高挖掘黑产及高危客户效率。通过分析客户社交网络关系、交易账户网络关系特点，以及黑名单关联关系，判断客户是否涉及欺诈团伙链条；通过智能搜索引擎或者基于图分析算法技术，通过搜索黑产涉及账户或证件号，可视化识别客户与客户之间的社交网络关系，通过知识图谱绘制发生风险实体间的关联关系，挖掘组团欺诈成员。

（2）基于大数据行为分析模型，建立用户及欺诈分子画像。通过交易流水、客户主档等数据，勾勒出欺诈分子的设备、位置、行为等特征，构建正常和欺诈客户画像。

（3）基于账户行为特征，建立账户分级管理。依托大数据分析、终端位置等智能技术，通过多种属性特征相结合，从账户和客户维度评定风险等级。风险识别环节进一步前移，有效提升风险识别的前瞻性和对高风险交易的控制能力。

（4）对线上收单商户实施风险分类及评级。以欺诈风险类别为基础，将欺诈风险分为第一方欺诈（客户主动发起的欺诈）和第三方欺诈（客户被不法分子欺诈）。当商户在银行电子银行、银行卡发卡、银行卡收单等产品或渠道发生的交易触犯风险监控规则与模型时，系统将交易处置结果进行梳理、归纳，并汇总在商户欺诈风险视图中。

（5）应用风险因子评分模型，提升未知风险主动识别效率。风险因子是由风险要素与场景要素的二维组合，风险要素为欺诈事件所体现的异常数据和风险行为拆分为细小粒度的风险颗粒要素。通过具体应用场景中的风险要素变动，侦测用户的风险行为。可以采用神经网络或多元线性回归及逻辑回归算法，对客户交易行为进行长期持续的风险评估。

（6）构建支持先进的机器学习算法应用及模型部署的侦测引擎。广泛使用机器学习，包括但不限于逻辑回归、知识图谱、神经网络、支持向量机、聚类分析等，构建机器学习风控模型提升风险识别能力。

（7）采用自然语言处理和文本挖掘混合的方法，为风险分析提供一个新的途径。通过自然语言处理（NLP）和文本挖掘技术，通盘分析互联网威胁情报和消费者对风险的举报，及时判断分析银行消费者可能遭受的欺诈威胁。

（三）智能控制风险

（1）应用人脸识别认证，提升个性化限额调整功能安全性。在线上业务办理和交易环节，凭借人脸识别的效果，动态调整线上交易限额，开拓全新的"刷脸时代"。如采用照片对比的人脸识别，交易限额较低；如果消费者通过公安系统联网核查的人脸识别，其限额可以进一步提升；若要更高限额，可以短视频录像或开启红外摄像头识别，进一步开展活体检测。

（2）支持基于客户行为分析的智能安全认证。通过客户行为分析，实时侦测交易风险，按风险级别：对高风险交易进行加强认证或者阻断；对低风险交易进行短信减免或网银盾减免等优化客户体验措施；对有风险的交易进行额外验证，实现按交易风险差异化认证。

（3）丰富交易核实手段，整合事中人工处理流程。构建交易缓存机制，对客户交易请求先用很短时间（如50ms）进行模型或规则过滤，对低风险交易放行，对高风险交易增强验证。增强验证手段包括安全工具验证、生物特征验证等。针对特定规则模型设置不同的加强验证方式，或者对于特定的风险评分设置特定加强验证方式。如验证成功客户交易放行；如验证失败，推送至人工处理平台或者次日重新验证。智能语音外呼是增强验证的一种形式，是人工外呼的补充。对于较高风险交易智能语音外呼功能自动向客户预留号码发起外呼，通过预先设定特定的关键问题与客户核实，智能系统识别客户回答并验证声纹，读取客户数据进行比对，如一致则验证通过，否则验证失败。

（4）构建快捷支付私有云模型，提升快捷支付防控效率的需求。银行建立快捷支付私有云风控服务，给予合作商户权限及标准化接口，结合银行数据积累与风控经验优势，协助商户快速实现相关维度的个性化风险识别和风险侦测服务。根据商户合作需要提供不同的风险处置措施，具有不同的安全性与客户体验，如根据风险评分输出风险评级，或协助商户事中交易核实，或阻断高风险交易等。商户可根据自身交易量及风控能力，选择个性化风险侦测与风险处置措施。快捷支付风控私有云服务可提供数据接入拓展性与风控手段灵活性，快速部署迭代风控策略；同时可实现特定商户实施不同力度风控手段，推进深入开展商户合作。

五、实施智能风控大脑的核心路径

智能风控大脑背后主要依靠一个强大的主工作流引擎，它可以根据需要分布式调用三个子工作流引擎——机器学习算法子引擎、反欺诈规则和模型子引擎、风控手段子引擎。

（一）机器学习算法子引擎

商业银行通过智能风控大脑来感知和分析各种风险时，只要涉及任何机器学习算法时，例如，人脸识别一般需要深度学习，反欺诈一般需要对抗神经网络，黑产挖掘一般需要知识图谱，等等，都将由主引擎向机器学习算法子引擎发送请求，机器学习算法引擎将根据需求，调用适合的算法集合，同时开展数据自动清洗、自动建模、多模型效果自动评估，最终在算法集合中挑选出效果最佳的模型，反馈给主引擎。

（二）反欺诈规则和模型子引擎

当对交易流数据进行处理时，为了保障效率，一般风控要求都是在很短时间内（例如50ms，这么短时间消费者不易感知，也就不会影响客户体验）跑风控规则，如果规则在规定时间内跑完也没发现风险，那就再跑模型以提高风控覆盖范围。这个过程，需要智能风控大脑主工作流引擎调用反欺诈规则和模型子引擎，串行或并行控制多个规则和模型，并整体保障风控效率（风控判断结果的反馈时间不超过规定时间）。

（三）风控手段子引擎

根据智能风控大脑感知风险的效果，如人脸识别或设备终端采集效果，分析出风险水平，主工作流引擎根据消费者提交的交易需要匹配合适的风控验证手段。当消费者无法通过某一种风控验证手段，或表示不认可这种验证手段时，主工作流引擎将调度丰富多样的增强验证手段，让消费者感受到商业银行在风控手段上是灵活和有温度的。

第十六章　数字货币的趋势与创新

一、当前数字货币可以基本理清的问题

毫无疑问，数字货币在2019年火遍全球，但人们对数字货币的误区也日渐增多，特别是在概念分类、技术溯源与数据分析三个方面存在混淆或模糊的情况。

（一）概念分类

当前很多人谈及数字货币时，不进行分类，只是将Libra、比特币和央行发行的数字货币简单横向比较，甚至不进行比较直接混为一谈。数字货币根据发行主体和信用背书情况，首先可以分成法币与非法币。法定数字货币等同央行发行的货币，其信用由国家主权背书，一些国家会通过持有黄金或国际货币储备来为本国货币增信。非法定数字币也叫私人数字货币（Private Cryptocurrency），由私人机构（包括协会）发行，其信用依靠数字化"挖矿"，也可能挂钩一定比例的

黄金或国际货币储备等。

法定数字货币根据发行机制，可以分为双层体系和单层体系。双层体系是央行向商业银行发行，然后商业银行再向大众投放，与现行纸币发行区别不大，我国研发的DC/EP就属于这类（范一飞，2018和2019）。单层体系是指央行直接面向大众投放货币，这种方式被很多经济金融学家研究并推崇，它属于未来的一种可能性（黄益平，2019），但对现有金融体系具有相当大的颠覆性（朱烨辰，2018）。非法定数字货币根据是否挂钩金融资产，分为稳定币和非稳定币。稳定币挂钩黄金或国际货币等金融资产，如Libra锚定的就是一篮子货币。非稳定币不挂钩任何金融资产，通过计算机算力"挖矿"获得有限数量的Token，加密数字货币（Cryptocurrency）就是属于这类，比特币是其中最知名的（见图1）。

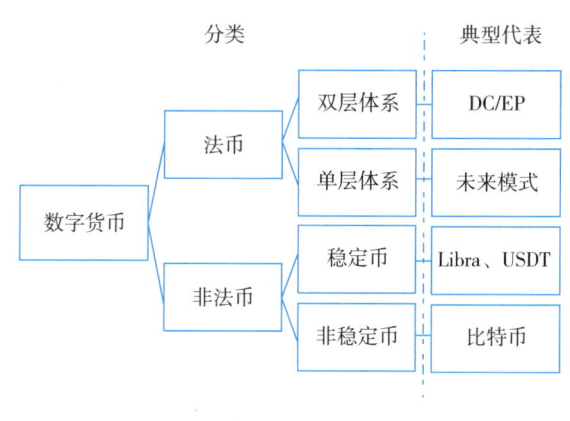

图1　数字货币概念分类

（二）技术溯源

1. 技术成熟和技术集成推动数字货币技术演变

数字货币依赖的关键技术不是横空出世、突变产生的，而是一个渐变的过程，也不是某个单一的技术，而是多种技术的集成创新，包括区块、链、分布式、记账和Token。区块（Block），最早是数据库里记录的一种属性类型，可以自定义任何类型的属性，经常都用来扩展数据库功能，如果把数据看作火车装载的货物，那么区块就可以理解为火车上的集装箱，外表看起来都一样，但内部承载什么东西都有可能。链（Chain）是计算机编程的一种数据结构，往往用来把相同类型数据联结在一起，可以简单理解为火车集装箱间的挂钩，可以把各节集装箱链接起来。分布式，在计算机领域指同时并行、互不干扰、独立完成任务，最早来源于互联网，后来在操作系统、数据库等方面均有应用。记账，是个通用概念，在银行核心系统数据库中相当于增加一条记录（Record）。Token，最早被翻译成令牌，被用在网络通信领域，可以简单理解为像古代兵符一样具有生杀予夺大权的计算机权力，2015年以太坊推出一套资产管理性质的信息系统，在该系统中Token是可以变更资产记录的权力，引起诸多经济金融领域专家与货币产生联想，国内有人（孟岩，2017）将Token谐音命名为"通证"，但中国人民银行2018年第4期工作论文（徐忠、邹传伟，2018）明确使用Token而不是中文翻译以避免混淆。种种上述术语在数字货币领域被广泛提及，但往往都是本学科的专家使用跨学科的术语，极富神秘色彩却多经不起推敲，目前看，中国人民银行直接使用Token英文原文这种表述方式比较严谨。

2. 数字货币技术之间存在着包含关系

一谈到数字货币的技术，最常提到的分布式记账技术、区块链和比特币，这三者经常被混为一谈，其实它们三者在技术上存在着包含关系。分布式记账技术，英文简称DLT，它强调"各记各的账"，而对记账格式没有特定要求，但往往是约定好的格式，各个节点无法自行更改格式，这是人行多次强调过的技术，而不是区块链。区块链（Block Chain），也是"各记各的账"，但对记账的"格式"明确是区块（Block），这种格式保障了各个节点可以自行定义新的记账格式。比特币（Bitcoin），基于区块链技术，而且引入了"挖矿"机制来保障其账本不被随意篡改。因此，比特币是区块链的一种应用，区块链是分布式记账技术的一个分支。

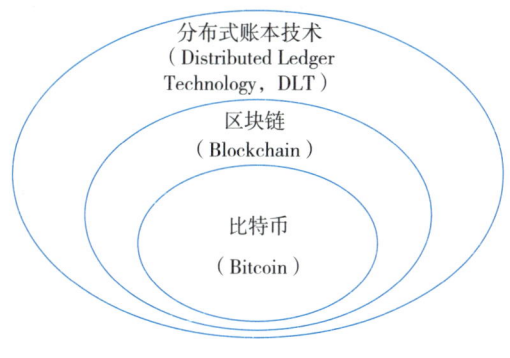

图2　数字货币技术关系

3. 加密数字货币与其他数字货币的加密目的、环节、方法不同

数字货币使用了加密技术就变成了加密数字货币（Cryptocurrency）吗？这种误解是由于人们对加密的目的、环节和方法等细节缺乏了解。数字货币为了防范隐私泄露，只要是应用了分布式记账技术（包括区块链），就可能涉及加密技术，一般是在数字货币记账环节，对记账的内容使用非对称函数（如哈希算法）加密，以保障加密的记账内容即使被公开，也不能让人准确知道记账信息。

那为什么比特币可以被叫作加密数字货币，它在哪个环节加密了？比特币除了使用到了上面的加密技术保护隐私，还在记账权环节使用加密技术来防止篡改，一般是由各个节点使用投票算法来获取记账权，哪个节点得到的投票多，哪个节点就获取记账权力，是典型的"选举正义"而不是"真实正义"，无法避免"三人成虎"的情况，具体投票算法以拜占庭将军算法最为知名。但是，在一个开放的网络里，拥有投票权的节点依然可能被伪造，为了提高伪造成本，比特币的每个节点都要通过解开"挖矿"这种数学难题来自证节点拥有投票权。"挖矿"的好处相当于在一个森林里藏了一个金苹果，然后看谁先找到。当然，越多人一起找是可能找到的概率更大，但也的确存在一个人恰好先找到的可能性。通过这种不确定性就使一个节点垄断整个网络的可能性很低，大规模篡改更难。也有一些加密技术同时可以防范隐私泄露和防篡改，这里不再赘述。

（三）数据分析

大家谈及数字货币很少关注数据分析，特别是大数据，但其实数字货币将原有纸币实现数字化，使货币本身及接触它的人产生维度更多、来源更广的数据，有可能使大家对货币的数据分析水平从"资金流"精准到"钞（票）流"。以人行研发的数字货币为例，在反洗钱中的赌博及赌博洗钱场景中，人行数字货币需要掌握交易的时间和金额（穆长春，2019）；在货币投放分析场景中，人行数字货币需要掌握交易的时间、金额和地理位置信息（姚前，2019）；在宏观经济分析场景中（陈雨露，2019），人行及相关分析单位会用到数字货币的交易时间、位置、金额、账户等信息；在普惠金融场景中，央行征信中心有必要获取消费者的社会属性、生活习惯和消费行为等信息；在货币政策工具创新场景下,央行需要观察数字货币的发放情况,人们什么时间、什么地点获得多少钱,钱是如何消费或投资出去的。

二、数字货币的新要求

货币是个比较传统的研究领域,随着数字经济的崛起,传统货币理论无法解释新兴数字经济现象,与此同时,贸易全球化的需求也亟待货币理论出现新的突破,当前货币形式无法满足数字经济与全球贸易未来成长的需要,对货币本质与形式构成了一定挑战。

(一)传统货币本质理论对数字经济和全球贸易适用性不强

关于货币本质,货币金融思想史上有两种截然不同的思想传统,可归纳为商品货币论与信用货币论,但在新形势下都遇到障碍。

1. 以交换为核心的商品货币论思想在免费的新经济现象中缺席

商品货币论以交换和金融自身为核心,认为货币是一种商品,"钱"从贸易来,最初是商品交易的中介物,能计价、稀缺、易存储和易携带的贝币等实物货币提高了商品交换的效率;青铜冶炼技术和国家政权的建立,为金属货币提供了技术支持;造纸术的改进则使得可兑换的纸币成为现实,与之匹配的是相应增长的经济需求和制度约束;二战后,英镑让位美元,可认为仍是海洋贸易延续至今的一种多边贸易中介物形式。

然而,在数字经济里,这种中介物在商品交换中无法发生作用,就产生脱媒现象。2019年10月,美联储主席杰罗姆·鲍威尔(Jerome

Powell）引用了麻省理工学院经济学家埃里克·布林乔尔夫森（Erik Brynjolfsson）和其他专家的观点：当前经济扩张史上最长，生产率增长却微弱，问题可能出在数据本身上，GDP衡量购买和出售的产品和服务的价值，但是，互联网时代许多伟大的技术创新都是免费，数字经济的定价实际上难以用实物货币计价，因此，GDP统计漏掉了我们经济中的相当大的份额。有关团队正在研究一种全新的衡量经济效益的方法，称为GDP-B，该方法计算收益而不是产出，即关心消费者剩余：消费者获得多少收益，而不是实际支付了多少。

从这个研究中可以看出，数字经济中的交换需要与之适应的货币形式，既要满足实时交易与协议自动执行等要求，又要能做到清算核算无误，交易本身应该能够记录错综复杂又符合逻辑的现实社会联系，资产本身还需有数据产权和价格，全球来看，靠中心化数据确权模式几乎无法形成全球统一的资本市场和贸易市场，更遑论满足当下方兴未艾的数字经济需要，特别是交易达成和完成可以分离，从而大幅度降低经济运行的摩擦系数等。货币形式是经济形态的后继因子，经济形态日益数字化，货币形式势必有所变化。

2. 以权力背书的信用货币论无法适应贸易全球化的新形势

信用货币论以生产或实体经济为核心，认为货币是一种债务，与复杂的社会关系特别是国家权力有着密切联系。货币与真实变量之间存在着双向因果关系，中央银行应当采取相机抉择的货币政策，并关注信用活动的质量。不可兑换的信用货币与国际货币体系变革有关，1944年，"布雷顿森林体系"（Bretton Woods）切断了货币与黄金的自由兑换关系，建立了以美元和黄金挂钩的固定汇率制度，即35美元兑换一盎司黄金，布雷顿森林体系崩溃后，1976年"牙买加体系"（Jamaica Agreements）切断了黄金与纸币在国际上各国政府间的自由兑换关系，承认浮动汇率的合法性同时，取消黄金官价。2009年欧债危机的爆发暴露了信用货币论的缺陷。从历史看，信用货币论下的币值稳定性挑战几乎从未间断，但在当前贸易全球化的背景下，不稳定币值的信用货币又叠加受到交换效率的挑战，不同地点、不同经济主体、相同时间产生大量跨境货币交换，信用货币论后面的国家权力背书方承受着越来越大的压力。

（二）技术在货币形式演进中扮演的重要角色

人类历史上货币形态主要包括实物货币、金属货币、信用货币、电子货币、数字货币等，货币价值依托形式也经历了从实物交换、第三方信用背书（如中央银行、英国的商人银行等商业银行和支付宝等金融科技公司）到现在的基于密码技术产生信任的过程。在这个过程中，技术与经济政治共同作用，对货币形式产生重要影响。回顾历史，没有金属冶炼技术就没有金属货币；没有造纸术，就没有纸币。展望未来，没有信息技术，就没有新形式货币。

1. 冶炼技术推动金属货币出现

金属货币产生和演变过程中，经济要素仍然效应显著，但技术因素开始呈现重要影响。青铜冶炼技术带来的影响是生产力提高，天然贝币数量无法满足商品交换所需求的货币量，商人开始用铜仿贝替代天然贝流通。大约公元前14世纪至公元前11世纪，商朝出现青铜仿制贝壳。春秋战国时期，多个政权多足鼎立情况下形成了青铜刀币、布币、蚁鼻币、圆形币等。

2. 造纸与印刷术推动纸币出现

北宋时贸易发达，货币流通需求增加，铜料紧缺，政府以铁钱替代铜币，但铁钱价值低、质量大、难以运输携带。造纸术日益成熟，使得纸张能够低成本大量制造，随着印刷技术革新，纸币印刷商的初步防伪技术得以实现，这些技术为世界上最早的纸币——"交子"的出现提供了基础。公元1023年，北宋政府成立交子务，专门管理纸币的印制和流通。

不同于实物货币，政治制度对金属货币和纸质货币的作用逐渐凸显，制度要素决定了货币的最终形式和规制。货币的铸造通常被控制在政权统治者手中，在国家制度的认可和监管之下，货币制度开始形成并逐步调整，满足贸易需要，当然，金属冶炼技术并不是为制造货币产生的，由于经济政治的需要才得以利用。

3. 信息技术推动新形式货币出现

目前看来，美元主导的SDR体系如能腾出足够多的空间容纳人民币，全球贸易失衡问题或能解决，这也是我国不少学者曾经力主的观点。然而，数字经济中的跨境高频交易远非当前SWIFT能够满足的，新形式货币（如数字货币）任重道远。数字经济发展下的传统产业数字化、智能化，体现出对货币数字化的要求，互联网的无孔不入、电子支付的普及为无现金化铺平了道路，区块链等技术的发展与成熟为数字货币提供了可供选择的技术，私人数字货币在技术试验和市场竞争上的先驱，已经为央行发行数字货币提供了可资借鉴的技术框架基础。

（三）新形势对货币本质与形式提出的新要求

1. 廉价，以适应免费的经济现象

铸币技术的演进已经体现出货币的防伪性与廉价性，未来数字经济会有更多的免费经济形态出现。这就要求铸币成本和货币发行成本更加低廉，甚至近乎免费，而以加密、区块链等技术为代表的信息技术为数字经济这个需求提供了可能的技术路径。

2. 实时，以适应频繁的跨境贸易

历史上，经济规模越大，管理成本越高，由于不能很好地及时对经济变化进行反应，铸币和发行货币的机构承担着巨大风险。数字经济下，贸易关系更加频繁，当前任何一国政府承担全球贸易支付体系都有心无力，以数字货币为代表的新形式货币为更高效实时的贸易提供了一种可能。

3. 可编程，以打开通往数字经济的大门

数字经济需要通过货币来实现交换，可能是免费的，且包含某种可编程的契约形式，如开源软件使用协议、社交网络使用协议等。我们不妨设想，买方如果能有一种数字货币用于支付，在遵循契约条件下，就自动计价为零，如果违背契约，才需按照契约价格支付。新形式货币需要具备一定的协议能力，为数字经济再上一层楼增添新的动力。

（四）展望未来

无论全球监管政策如何演进，数字货币都将是货币发展至今、新形

势下一种可供全球人类选择的货币形式。它的出现与发展根本上取决于经济要素的需要，同时依赖于技术要素的支撑，且将与国家主权、全球化等政治制度要求相互作用，有望成为货币的一种重要形式。挑战与机遇并存，基于已有信息技术，直面数字经济挑战，重新定义货币本质与形式，是历史发展的必然，也是我们这一代银行人的使命。

三、创新构建数字货币专有区块链语言

2019年6月18日，Facebook发布Libra项目白皮书，与之同时面世的是Libra的区块链编程语言Move。彼时，因中美贸易摩擦而起的华为事件正在发酵，美国对华为实施多种制裁措施。在此双重背景下，我国推出数字货币专有区块链编程语言具有深远意义，不仅能够推动我国国产化进程进一步向计算机编程语言领域延伸，更能够支持我国央行自行研发数字货币，有效维护货币主权。我们通过比较分析发现，目前尚无一种兼具安全性和灵活性的区块链编程语言，因此，我国可以构建一套切实可用的区块链语言体系，在可编程交易与可组合的智能合约方面具有良好的应用前景。

（一）自建区块链编程语言的意义

1. 顺应数字经济趋势

除Facebook推出的Move语言外，也有国外机构专门推出区块链编程语言，一个重要的原因在于开发区块链相关应用属于面向数字资产的编程，需要保证安全性，即数字资产唯一性、智能合约安全性的同

时，尽量使开发变得动态灵活，使没有足够开发背景的金融或经济从业人员也能够开发并部署区块链应用，进而更好地顺应数字经济的趋势。

2. 推动软件自主可控

近期，华为事件吸引了全球的目光。一夜间，芯片国产化、操作系统国产化等呼吁达到了前所未有的高度，华为系列技术和韬光养晦的备胎计划（海思芯片、鸿蒙操作系统）被推入高光位置，举世瞩目。然而，作为计算机软件的重要基础设施——编程语言，目前国产化程度还不够，主要技术仍掌握在外国人手中。对编程语言的角逐，实质上是对标准的角逐，而中国只有推出自己的编程语言，才能够掌握标准，才会有更大的国际话语权。

3. 应对国际竞争

2019年6月18日，Facebook发布Libra项目白皮书，旨在建立一个简单的全球性货币且为数十亿人赋能的金融基础设施。Facebook Libra在全球被普遍关注，其中很重要的一个亮点是Libra发布的区块链编程语言Move，被很多人誉为Libra最大的创新。在这个背景下，我国自建数字货币专有的区块链编程语言，能够积极应对国际竞争，具有重大意义。

（二）典型的区块链语言对比

我们首先对比几种典型的区块链编程语言：Facebook的Move、Ethereum的Solidity以及CertiK的DeepSEA，并以此为基础探讨自建区块链语言的可行性，详见表1①。在区块链语言底层技术支撑中，不同的安全实现方式，会给应用带来不同的安全保障。通过比较三种典型的区块链语言，我们发现：Solidity动态灵活、应用广泛，但是安全性不够；Move的安全性有所提升，但是还没有做到全方位的安全保障机制；DeepSEA的安全机制相对领先，但是还没有在足够多的应用上使用。因此，目前并没有一种兼具安全性和灵活性的区块链语言。

表1　　　　　　　　　　三种典型的区块链语言对比

名称	研发者	优势	主要存在的问题
Move	Facebook（脸书）	1.Move是一种字节码语言，可以直接在Move虚拟机中运行； 2.Move不仅可以实现智能合约，还可以实现自定义交易； 3.Move通过100%静态类型验证等措施来提高安全性	1.Move通过省略某些特征来限制语言的表达，而对语言灵活性的大规模限制可能会引发重入错误； 2.Move支持可以定义特定类型的数据为"资源"，这意味着外部的任何代码都不能查看该类型值的内容：它们只能在变量之间移动并传递给函数，这虽然能够帮助开发人员确保资源得到保存，但它们还不足以确保功能的正确性； 3.Move可能会存在创建类型正确但内容错误的编译器漏洞
Solidity	Ethereum（以太坊）	1.Solidity是到目前为止最常用的区块链语言； 2.Solidity支持脚本语言，允许开发者开发任意应用以实现任意智能合约，动态灵活	1.整数溢出漏洞会导致代币无限增发； 2.重入风险会导致智能合约遭受到类似DAO攻击的严重损失； 3.编译器中仍存在一些漏洞，这些漏洞可能会导致智能合约存在巨大的安全风险； 4.Solidity不提供任何证明代码安全性的功能
DeepSEA	CertiK	DeepSEA的编译器本身是由交互式辅助证明工具（Coq）编写的，并已证明其正确性，可以确保高级语言的语义将会保留在字节码中	DeepSEA没有被广泛应用

---

① IBM HyperLedger（Fabric）是面向企业应用的全球最大的分布式账本开源项目，始建于2015年底，能够支持Go、Python等编程语言，并不属于一种单独的区块链编程语言，因此我们并没有将其纳入比较范畴。

（三）自建区块链语言的可行性

通过对Move、Solidity以及DeepSEA三种区块链语言的对比，我们认为我国自建区块链语言是可行的。Solidity作为先行者，拥有了广泛的应用程度和公众熟悉度等优势，Move和DeepSEA等新语言也紧随其后，而我国自建区块链语言，要取已有语言之精华，去已有语言之糟粕，学习经验，避免错误重演。想要构建一套切实可用的区块链语言体系，需要做到以下三点。

一是动态灵活。从已有区块链语言的优势来看，动态灵活地支持脚本语言，能够使开发与调试的速度加快（无须定义数据类型、无须等待漫长的编译等），语法变得简单而强大（调用已有库函数使代码量大大减少等），更便于非专业人士使用，进而实现定制应用程序（智能合约）的开发，甚至支持自定义交易。

二是安全性高。从已有区块链语言主要存在的问题来看，区块链语言最需要提升的是安全性：一方面，代码安全性需要得到形式化的验证，进而保证实现功能的正确性，抵御外部攻击的能力也越强；另一方面，区块链语言编译器本身存在的漏洞也需要尽量避免，能够确保应用程序不存在重大的安全风险。

三是与时俱进。区块链语言还需保持与时俱进，即能够持续维护升级，并不断添加新的特征与功能。通过组建区块链语言开源社区，根据协议公布语言源码，为社区成员自由沟通、共同完善区块链语言搭建一个良好的平台，进而不断推动区块链语言的发展。

（四）自建区块链语言的应用场景

我国自建区块链编程语言，主要的应用场景在于能够有力支持央行自行研发数字货币。在此基础上，区块链语言可能的应用场景为可组合的智能合约与可编程交易。比如，我国的一家红酒出口商，计划出口一船红酒到日本，由日本的一家酒店收货。利用自建区块链编程语言，可以声明"资源"与"过程"两种不同的结构，如"资源"包括一船红酒、10枚数字货币等，而"过程"包括将红酒搬运到船上、航船运输以及收货等。将这些"资源"与"过程"进行组合，写至一个智能合约中，加到区块链上，即完成了可组合的智能合约开发。在日本的酒店收到货后，区块链编程语言能够实现我国红酒出口商至日本酒店转账（10枚数字货币）这次交易的验证，即转账符合红酒出口商的意图与逻辑，也即完成了可编程交易功能。

第十七章 区块链在供应链金融中的应用研究

供应链金融是金融支持实体经济的重要领域，区块链是面向未来的技术方案，我们研究了国内外区块链在供应链金融中的应用案例，总结出核心企业主导、金融机构主导和生态圈三种区块链在供应链金融中的应用模式，并对未来潜力巨大且可行的趋势进行展望。

一、相关概念

（一）供应链金融

近年来，实体经济下行压力增大，中小微企业融资难、融资贵问题凸显，中美贸易摩擦带来的中国经济不确定性增加，在此背景下，供应链金融得到前所未有的重视。2017年10月，国务院办公厅印发《关于积极推进供应链创新与应用的指导意见》，鼓励产业链核心企业建立供应链金融服务平台，为供应链上下游企业提供高效便捷的融资渠道。2018年4月，商务部、人民银行等中央8部委联合发布《关于开展供应链创新与应用试点的通知》，提出在全国范围内开展供应链金融创新与应用模式。

供应链金融是以供应链上下游真实贸易为基础（而不仅以企业整体状况为依据），以企业贸易行为所产生的确定的未来现金流为直接还款来源，为供应链上企业提供金融解决方案，从而达到优化现金流继而提高供应链整体效率的目的。供应链金融最大的特点是在供应链中寻找出一个大的核心企业，以核心企业为出发点，为供应链提供金融支持。一方面，将资金有效注入处于相对弱势的上下游中小企业，解决中小企业融资难和供应链失衡的问题；另一方面，将银行信用融入上下游企业的购销行为，增强其商业信用，促进中小企业与核心企业建立长期战略协同关系，提升供应链的竞争能力。

（二）区块链（Blockchain）

区块链是分布式数据存储、点对点传输、共识机制、加密算法等计算机技术的新型应用模式。它本质上是一个去中心化的数据库，包含了一系列使用密码学方法相关联产生的数据块，每一个数据块中包含了一批次网络交易的信息，用于验证其信息的有效性（防伪）并生成下一个区块。区块链有去中心化、开放性、独立性、安全性、匿名性等特征。

（三）区块链与供应链金融

区块链技术逐步被大众认知和了解首先从比特币开始。此后，各类资产在区块链上进行数字登记和保存；智能合约标准的制定和普及，为区块链技术开辟了更为广阔的应用场景，生态圈概念逐步显现。另外，供应链金融在技术进步过程中，其模式也不断演变，除传统的"商业银行+核心企业"模式外,越来越多的主体如电商平台、金融科技公司等也参与此列,同时因参与主体角色的不同而形成不同的业务模式。

区块链与供应链金融的结合,主要是因为区块链技术不可篡改、可追溯、可信任等内生性特点可有效协助推进供应链金融的线上化和智能化发展,因此也是区块链技术在金融场景中实践较为广泛的一种。

二、区块链在供应链金融中的应用案例

(一)国内案例

1. 浙商银行应收款链平台

浙商银行基于区块链技术研发了应收款链平台,利用分布式记账、智能合约以及区块链上信息不可篡改的特性,把企业的应收账款转化为电子支付结算和融资工具。在应收款链平台上,企业可以办理应收账款的签发、承兑、支付、转让等业务,提前变现应收账款或实现无障碍流转。截至目前,应收款链平台已入驻核心企业1400多家(辐射供应链上下游6000多家企业),累计签发基于区块链的应收账款5万多笔,签发金额1700多亿元。

在应收款链平台基础上,浙商银行还利用资产证券化(ABN)的方式对接场外交易市场。2018年8月17日,"浙商链融2018年度第一期企业应收账款资产支持票据"(以下简称"浙商链融")在上海清算所成功发行,金额为4.57亿元。"浙商链融"是浙商银行发行的银行间

市场首单区块链应收账款ABN，以企业在浙商银行应收款链平台上签发及承兑的应收账款为基础资产。

2. 平安银行智能供应链金融平台

2018年，平安银行推出了供应链应收账款服务平台（SAS平台），为供应链中核心企业及其上游客户提供线上应收账款的转让、融资、管理、结算等综合金融服务。SAS平台全量应用"平安区块链"四大核心技术，建立多方互信机制，穿透管理底层资产；应用"人工智能+大数据"，对贸易背景的真实性实施智能核验和持续监测。2018年末，SAS平台累计交易量突破100亿元，已为111家核心企业及其上游中小微企业提供金融服务支持，有效解决了供应商融资难、融资贵问题，支持实体经济的健康发展。

3. 中企云链平台

中企云链平台是由中国中车联合多家企业打造的免费安全的供应链金融共享服务平台。中企云链创设了一种基于区块链的可流转、可融资、可拆分的标准化确权凭证"云信"，并引进中国中车、国机集团、中铁、中交等多家大型核心企业（核心企业入驻300多家，注册企业32226家）。核心企业为上游供应商开出"类商票"的"云信"，上游多级供应商可以将"云信"进行任意拆分并转让，也可以融资或持有到期。目前平台已累计开立"云信"确权782亿元，累计交易2325亿元，累计保理融资424亿元。通过中企云链平台，核心企业可以随时全面掌握"云信"流转路径，实现对上游多级供应商/全程供应链的掌握。"云信"综合了银票的可靠性优势、商票的免费支付优势、现金的随意拆分优势以及易追踪的特色优势。未来以"云信"为基础的应收账款融资可以与产业基金和ABS有机融合起来，扩大金融生态；未来利用平台积累的数据还可以为客户提供智能投顾服务，帮助客户做股权精准投资。目前，中企云链的股东也从初创时期的8家，扩展到23家，其中包括11家中央企业、10家地方企业、中国工商银行与中国邮政储蓄银行2家金融机构。

4. TCL简单汇平台

简单汇平台是TCL打造的成就产业生态圈伙伴的"金融+"赋能平台。TCL开发了代表平台上企业应收账款的债权凭证"金单"。"金单"源于票据（可转、可融），优于票据（可拆、可赎回、可延期）。简单汇平台以"金单"为抓手，通过核心企业汇聚1-N级供应商，引入银行等外部金融机构，是构建完整供应链金融生态圈的线上平台。

简单汇平台建立之初是为了解决TCL体系内部上游各级供应商的支付、流转、融资问题，目前简单汇平台已逐步放开，更多的核心企业入驻平台。随着越来越多的核心企业入驻，平台方、核心企业、供应商、保理商等多方机构之间的互信问题越来越重要，如继续采用传统中心化的服务模式，无法保证用户的交易数据安全、完整、不可篡改。而区块链是一种安全可靠的分布式存储数据库，具有高可靠性存储与全网维护的安全性，具有去中心的效率与可靠，具有智能合约的智能执行功能，具有不可篡改和复制的数据可信，具有加密技术支持的私密性，具有时间戳支持的可追溯性，具有数据的唯一性与价值性。TCL利用区块链技术解决开放平台的数据可靠问题，进而解决平台方、核心企业、供应商、保理商等多方机构之间的互信问题。

5. 央行试点"湾区贸易金融区块链平台"

2018年，中国人民银行数字货币研究所在深圳成立"深圳金融科技有限公司"，建立并试点"湾区贸易金融区块链平台"（PBCTFP），该平台致力于打造立足粤港澳大湾区、面向全国、辐射全球的开放金融贸易生态。在中国人民银行数字货币研究所与中国人民银行深圳市中心支行的共同推动、协调和组织下，深圳金融科技有限公司联合中国银行、建设银行、招商银行、平安银行、渣打银行及比亚迪股份有限公司，经过近两个月的封闭开发，成功实现湾区贸易金融区块链平台项目预定目标，进入试点阶段。目前平台已部署上线，建成了基于区块链技术的贸易金融底层平台，在平台上可进行包括应收账款、贸易融资等多种场景的贸易和融资活动。通过利用区块链技术进行交易和信息传递，可实现更高的透明度，使得监管机构的贸易金融监管系统能够对平台上各种金融活动进行动态实时监测。不仅有效促进市场信任机制的形成，还从根本上有助于解决中小企业融资难、融资贵问题，更好地服务实体经济。截至2019年5月27日平台试点数据为：上线4个应用、接入26家银行、产生1.7万多笔业务、达成40多亿元总金额并拥有多项专利。

（二）国外案例

1. 汇丰银行基于区块链的实时交易与贸易融资

2018年5月，汇丰银行通过发行完全数字化的信用证首次完成基于区块链的端到端贸易融资交易。该应用基于R3联盟的Corda平台开发（R3是一个由200多家企业组成的联盟，并且开发了开源区块链平台

Corda），并且该数字信用证的流转过程与现有信用证流转过程完全保持一致，但所有参与者只需在同一区块链上完成交易，而不再依赖多个系统。

汇丰银行贸易融资业务负责人Vivek Ramachandran指出："这一技术已经做好商业化应用的准备，下一步是鼓励更多的参与者加入相关协议中来，银行、航运公司、港口和海关也要尽快引入相关技术。"Ramachandran希望在未来五年，多数交易关联方都采取相同的区块链平台和标准这一愿景能够实现。

2. 巴克莱银行基于区块链的贸易文件转移

巴克莱银行在2016年9月7日声明称，农业合作社Ornua和食品经销商Seychelles贸易公司已经能够成功通过一个区块链平台来转移贸易文件。在声明中，巴克莱贸易和营运资本主管Baihas Baghdadi说，该项目证实了向分布式账本系统中添加多方机构能够消除国际贸易面临的一个"最令人头痛的问题"，即用于跟踪和验证交易的纸质文件的转移。

3. 丸红株式会社基于区块链的贸易交易

丸红株式会社（MARUBENI CORPORATION）是日本具有代表性的大型综合商社。2017年7月6日，丸红株式会社和日本财产保险公司使用区块链技术完成澳大利亚和日本之间的贸易交易。澳大利亚和日本之间这一交易涉及的所有与贸易相关的流程，从签发信用证到交付完整的交易文件，完全通过基于区块链技术的Hyperledger Fabric平台完成。贸易文件的传递时间缩短，从数天缩短到两小时；通过贸易文件的数字化减少传输文件所需的时间以及人工和其他费用；通过与所有各方共享交易详细信息来提高透明度。

三、区块链在供应链金融中的三种应用模式

根据前文区块链在供应链金融中的应用案例，我们把目前较为常见的区块链在供应链金融中的应用模式总结为以下三种。

（一）传统核心企业自建区块链底层

如前文中提到的中企云链平台、TCL简单汇平台、丸红株式会社基于区块链的贸易交易，传统核心企业自建区块链底层模式由核心企业主导。大型传统核心企业拥有自己的上游供应商和下游经销商链条，在展开供应链金融业务方面具有得天独厚的优势，大数据、物联网等技术的运用将其信息流、资金流和物流从线下逐步转移到线上管理。而区块链技术的加入，可以更好地对这些信息进行记录和追溯，使其信用价值逐步延伸并传递至链上长尾客户，帮助其获得更多融资机会。

大型核心企业基本都具备ERP管理系统，"区块链+供应链金融"的基础模式，是在上层供应链金融应用系统基础上嵌入底层区块链系统，以数字凭证方式，对应收账款、存货、押品等进行数字登记和保存，资金提供方如银行、保理公司、融资租赁公司等金融机构通过系统进行线上确权与放款，大大提高审批效率。

此模式的门槛相对较高，因为只有具备相关链条且链条较长，才能将区块链技术的应用价值凸显出来，从成本与收益角度出发，一般

有资质的较大型核心企业会考虑自建区块链供应链金融服务平台，服务链上企业。但是在链条外的企业，因不具备可触及性和风控能力，服务范围受到限制。

（二）金融机构内嵌区块链底层

如前文中提到的浙商银行应收款链平台、平安银行智能供应链金融平台、汇丰银行基于区块链的实时交易与贸易融资、巴克莱银行基于区块链的贸易文件转移，金融机构内嵌区块链底层模式由金融机构主导。自身不具备核心企业的金融机构开展供应链金融的模式主要是与核心企业进行合作。区块链技术的加入并非对整个业务模式进行改变，而是在风控及效率上进一步提升。

与核心企业自建区块链供应链金融服务平台相比，区块链技术的作用对于自身不具备核心企业的金融机构来说更为显著，主要原因是金融机构能够吸引更多离核心企业较远、核心企业不愿意担保或者核心企业信用无法覆盖而不能担保的企业。对这类企业撮合信贷业务增加了金融机构风控难度的同时，也降低了审批效率，具体表现为以下两点。一是金融机构对上下游的中小微企业经营状况没有核心企业熟悉，需要花更多时间切入链条中，并对链条所在行业及链上企业进行深入调查，因此，金融机构对通过区块链技术建立起来的信任机制会更加依赖。二是金融机构可获取的企业数据与信息少于核心企业可整合的数据，不利于平台建立信用评分模型和搭建智能化风控体系。在实际操作中，部分金融机构仍然采用抵质押物形式进行风控。如使用区块链技术，可加强对部分抵质押物真实性和流转情况的判断，从而逐步减少对部分抵质押实物的依赖，简化风控流程，提高审批效率。

(三)区块链供应链生态圈模式

第三种模式主要为具备较强供应链金融或区块链技术优势的第三方,如金融科技公司(如上文央行试点"湾区贸易金融区块链平台"案例中的深圳金融科技有限公司),发起设立的区块链供应链金融服务开放平台,将整个链上涉及的核心企业、资金需求方、资金提供方、担保方、数据信息服务方等进行全部连接与整合,共享数据与合作,"将湖泊连成海洋",同时共同维护区块链云节点,形成完整的供应链金融生态圈。

第三方平台以撮合为目的,不承担借贷风控职责,更突出区块链和供应链系统技术优势,协调生态圈中各方利益与需求,推动行业数据标准的建立,实现供应链金融参与各方的数据共享,以及维护数据安全。目前主要通过签署保密协议的方式来确保企业信息不外泄,数据脱敏之后再进行大数据分析。

四、趋势展望

目前多家大型企业组建了以自己为中心的区块链联盟,在联盟内部开展区块链应用。然而此种做法与区块链的去中心化思想存在一定的偏差,2019年,一些企业将开始尝试联盟链"脱链","脱链"并非区块真的脱离所在链条,而其思路类似于银行支票的使用,"脱链"的区块背后拥有来自某个金融机构的背书,如区块中记录银行对客户身份的认证信息,这样,该区块将不仅能得到联盟内部的认可,也能受到非联盟成员的信任。

据了解，中国农业银行与太平洋保险、保交所与长江养老分别建立了两个区块链联盟，此外，在两个联盟链中间建立了一个中继链（相当于两条链之间的翻译层），实现联盟链"脱链"。这种做法与我们的预测几乎不谋而合，目前正在开发阶段，一旦成功有望成为全球首例区块链联盟链"脱链"实践。这种"脱链"的方式能够打造一个更加开放的、互信的金融信息共享平台，打通不同银行或金融机构间的数据孤岛，将成为区块链在供应链金融中应用的发展趋势。

第十八章　银行业的未来：转型技术时代的挑战与机遇

——第21届日内瓦世界经济会议专题报告

2019年5月17日，第21届日内瓦世界经济会议在瑞士日内瓦召开，会议以"银行业的未来"为主题，以金融科技为脉络，重点研讨了大型银行与大型科技公司谁将主导未来银行业的模式，对中国金融科技给予了异乎寻常的关注。

一、研究背景

日内瓦世界经济会议（Geneva Conference on the World Economy）自1998年以来每年召开一次，会聚全球经济金融领域的高层政策制定者、专家学者和业界人士，基于当年的特别委托报告《日内瓦世界经济报告》展开讨论。《日内瓦世界经济报告》自1999年由国际货币与银行研究中心（ICMB）和经济政策研究中心（CEPR）联合发布至今，每份报告都关注当年国际经济和金融体系的一个热点领域，委托国际知名经济学家、专家学者组成团队联合撰写完成，报告经日内瓦世界经济会议充分讨论后进行修改，最终稿由ICMB和CEPR联合对外发布。

2019年是第21届日内瓦世界经济会议，本届会议讨论的报告主题为"银行业的未来：转型技术时代的挑战与机遇"。该报告由纽约大学斯特恩商学院（NYU Stern）的托马斯·费利佩教授（Thomas Philippon）、国际清算银行（BIS）的塔拉·瑞斯（Tara Rice）和欧洲智库布鲁塞尔欧洲与全球经济实验室、美国彼得森国际经济研究所（Bruegel & Peterson Institute）的尼克拉斯·韦龙（Nicolas Veron）、美国网贷公司凯比奇（Kabbage）的凯瑟琳·佩特利亚（Kathryn Petralia）共同执笔。他们聚焦银行业的未来，探讨信息技术的发展是否改变了银行的最小最优规模。报告讨论银行的低价存款融资、信息收集等传统优势，是否正在因为新形势的出现而受到损害，例如，可获取低价资金的市场金融机构，可通过分析购买、支付模式来评估用户信誉价值的电子商务平台等。报告总结分析这些新趋势将如何影响银行业监管和金融稳定。会议吸引了全球关注，特别是国际组织、监管机构、智库、高校及银行等相关研究人员纷纷参会交流观点。

二、各方主要观点

（一）大型商业银行与大型科技公司谁能够赢得银行业的未来？

1. 金融科技正在改变银行业的未来

凯比奇、纽约大学、国际清算银行和彼得森国际经济研究所一致认为，金融科技能够降低商业银行的成本，提高商业银行的效率，进而可以使得商业银行更好地为实体经济服务。金融科技是技术驱动的金融创新，能够产生新的商业模式、应用、业务流程及产品，从而对金融市场、金融机构或金融服务的提供方式产生重大影响。加之国际金融监管对大型科技公司在金融科技方面的创新及应用持续维持宽松状态，金融科技正在改变银行业的未来。

2. 金融科技并没有改变金融的本质

都柏林三一学院（Trinity College Dublin）荣誉教授、爱尔兰央行前行长Patrick Honohan教授认为金融科技并没有改变金融的本质，目前的国际金融监管规则，比如巴塞尔委员会的新资本协议（"巴塞尔Ⅲ"）仍适用于大型科技公司。大型科技公司的金融科技创新仍需在现有的监管体系下运行，即"孙悟空没有跳出如来佛的手掌心"。与此同时，Honohan教授也指出，当前金融科技的业务分拆模式，将支付、存款以及借贷等业务与银行解绑（unbundled）并开放至第三方的服务提供商，可能会带来银行利润下滑的风险，其原因在于银行的大多数业务都与支付、存款与借贷相关联，"皮之不存毛将焉附"，其他附属业务也可能难以为继。因此，碎片化的开放银行模式也会给银行带来严重挑战。

（二）金融科技创新带来的风险问题

1. 尽管金融科技创新会带来一些风险，但并没有影响其为消费者带来的便利

彼得森国际经济研究所Nicolas Veron认为：中国在金融科技的应用

方面走在世界的前列，特别是以支付、P2P为代表的金融科技创新在中国得到了广泛的应用。但中国的金融科技创新也带来了一些风险，比如近几年P2P"爆雷"事件时有发生。不过，尽管P2P"爆雷"会对投资者的利益带来损失，但其并没有影响P2P为中小企业融资带来的便利，而支付便利更是惠及大众。

2. 中国的P2P"爆雷"是金融科技创新的反例，应谨慎发展金融科技，把控好金融科技创新的风险

一部分论坛参与者表示，应充分吸取中国发展金融科技创新的教训，把控好金融科技带来的风险，谨慎甚至不发展金融科技。

（三）发展金融科技应注意制定好数据的使用规则，保护数据的隐私

与会方共同认为，金融科技的发展对全球金融行业产生了深远的影响，在这场由技术引领的金融变革中，数据是核心驱动力，而制定完善的数据使用与隐私保护规则又是利用好数据的前提。目前，在发展金融科技的过程中保护数据的隐私已成为全球金融行业的共识。

（四）金融科技对经济发展有何帮助？是好的影响多还是差的影响多？

1. 金融科技对国家经济发展有促进作用

由国际清算银行的经济顾问兼研究主管申贤承（Hyun Song Shin）

参与的工作论文《大科技公司和金融中介的变化结构》（*BigTech and the Changing Structure of Financial Intermediation*）通过实证研究发现：金融科技的发展能够促进国家GDP的提升，两者显著相关。

2. 金融科技对小微企业具有明显成效

由国际清算银行的经济顾问兼研究主管申贤承（Hyun Song Shin）参与的工作论文《大科技公司和金融中介的变化结构》（*BigTech and the Changing Structure of Financial Intermediation*）通过实证研究发现：电商平台上的小微企业，通过其收付款行为积攒信用数据进而获得信贷后的经营状况，比普通小微企业获得信贷后的经营状况更好。

3. 从长期的视角来看，金融科技对国家经济发展并无显著影响

部分欧洲学者认为：金融科技能够带来金融机构效率的提升和成本的降低，但也存在着一定的风险，因此，从长期来看，好的一面和差的一面相中和，对国家经济发展并无显著影响。

（五）对云计算的再认识

传统的观点认为，云计算海量的存储能力、超强的计算能力、可扩展性强以及价格优势会给互联网、通信以及金融等行业带来底层IT基础设施能力的大幅提升。然而，金融行业的特殊性，即金融数据敏感性强、安全性要求高等特点导致金融行业或者银行无法采用公有云模式。

本次会议对云计算进行了再认识，其主要观点是：银行采用私有云

将有效加强金融稳定性。在金融行业中,传统的本地服务器模式可能会给金融韧性(financial resilience)带来挑战,即一旦某个关键软硬件出现问题,整个金融服务就会受到影响,直接影响到金融稳定性。银行为保护数据,规避使用公有云,而采用私有云,其基于虚拟化技术的弹性部署,可以同时连接多种多套软硬件。这样,即便某个软硬件出现问题,也不会影响整体金融服务的连续性。例如,一家银行引入多家云服务提供商,在某一云服务提供商的服务出现中断时,相关金融业务可以迅速切换至其他云服务提供商,保持业务的连续性和稳定性。

(六)对中国金融监管的评价

《日内瓦世界经济报告(2019)》指出,中国的金融监管对民营金融科技公司普遍容忍,认为中国的这种政策在一定时期内总体上具有稳定性,这在某种程度上否定了一些关于中国"国家垄断资本主义"的观点。

(七)对中国大型银行金融科技创新的误解

《日内瓦世界经济报告(2019)》认为,中国大型银行的高管由中组部调派,导致中国大型银行创新处于均衡状态,这反映他们对我国银行业治理与差异化竞争的不了解。实际上,根据国务院发展研究中心与中国建设银行研究院联合课题组在2018年12月出版的专著《金融科技研究与评估2018》,在30家全球系统重要性银行金融科技活跃度排名中,全部由客观数据计算的结果显示,我国四大银行分别位列第一、三、五、七位,具体的得分差距明显,充分体现出技术创新带来的差异性,并不是像报告描述的平均化。

三、启示和建议

（一）全球银行业的未来：中国模式还是欧美模式

在未来全球银行业的发展趋势上，中国模式和欧美模式哪个更好？我们认为将两者融合是最现实的选择。尊重欧美传统的金融规律，即金融的本质是解决信息不对称问题，而防范风险是银行业永恒的主题，并在此基础上进行适合本国国情的创新发展。目前来看，中国的金融创新，特别是金融科技创新取得了一定的效果；虽然存在风险，但取得的进步要比风险更大。国际上对中国比较了解的机构组织，比如国际清算银行、彼得森国际经济研究所等，认为中国的金融科技创新非常具有价值。此外，国际清算银行的经济顾问兼研究主管申贤承（Hyun Song Shin）特别肯定中国在第三方支付方面的监管变革，即成立网联清算有限公司作为金融基础设施，减轻监管机构同时面对多个第三方支付公司带来的监管压力，而欧美目前还没有中国这种适应金融科技趋势的金融基础设施。

（二）中国金融科技的方向：行稳致远

为了进一步提高全球金融系统的稳定性，减少全球潜在动荡对我国乃至全球金融体系的冲击，有必要积极稳步推进中国银行业特别是大型银行的云化程度，降低对少数关键技术（"卡脖技术"）的依赖度，给予金融IT系统更多样化的选择，提升我国乃至全球金融体系的稳定性。同时，充分总结金融科技发展的教训，实施风险与创新关系的再平衡，加强金融科技的监管规则细化与落地，自上而下提升对监管科技的重视程度与应用力度，加大监管科技研发投入力度，尽快推出一批既不干扰创新活力又能切实把控金融风险的监管科技方法、专利及产品，通过监管探针、征信、反洗钱和AI监控等创新手段赋能监管当局，及时掌握关键金融信息变化，为我国发展金融科技保驾护航，为全球金融科技发展与监管贡献中国智慧。

（三）中国与欧洲合作的战略机遇：金融科技

一是务虚的机遇。在欧洲学术界，特别是在某些资深学者心中，仍对中国银行业的发展保留着一定刻板印象，认为中国银行业的不良贷款率依然"世界闻名"（"famous in the world"），连带着对中国金融科技创新的成果持怀疑态度。但是，欧洲的智库相较于学术界对中国银行业的发展反而比较认可并支持，可能是因为欧洲与中国的学术交流不够，特别是面对面交流较少，欧洲学术界的资深人士对中国银行业的创新，特别是金融科技创新缺少实地的切身体验。不过，即便如此，相较于美国的智库和学术界，欧洲总体对中国金融科技的发展保持着比较客观中立的态度，这种态度值得我国重视与把握，可考虑以金融科技浪潮为契机，鼓励我国智库、学术机构与欧洲机构及驻欧洲的国际组织进行广泛交流活动。

二是务实的机遇。对中国而言，欧洲不仅是金融科技企业赚钱的市场，更应是中国金融科技业务模式和底层技术接受更高标准检验的试验场和练兵场。欧洲银行业在"去IOE"的过程中，中国可以扮演很重要的角色，我们可以将中国实践得比较好的产品、业务和技术向欧洲输出，具体方式可以是中国的大型银行与民营大型科技公司联合对接欧洲大型银行的合作需求，由欧洲大型银行主导，成立合资公司

（中方占较少的比例），帮助欧洲升级其金融科技体系。这绝不是抢欧洲的饭碗，更不是抢占欧洲的市场份额，而是真心诚意地进行业务模式和技术的输出，推动欧洲银行业的复兴，同时在这个过程中，保持中国金融科技创新的活力。比如，中欧可以建立基于区块链技术的跨境人民币支付清算的基础设施，构建一个并行于VISA和MasterCard的网络，为全球金融稳定做出贡献，但需秉承谨慎、低调的行事准则，避免不必要的阻力。

第十九章　2019年中国金融科技趋势展望

当前，以信息技术为代表的技术革命正在以金融科技的形式向金融行业渗透。经过数年的飞速发展，金融科技已经给传统金融业带来了巨大的变革，而且这些变革仍在继续，金融科技依然在持续而深远地影响着整个金融行业。2019年出现了哪些新的金融科技趋势，本章对其进行展望及分析。

趋势一：知识图谱技术获得广泛应用

知识图谱是指用来显示知识发展进程与结构关系的一系列图形，通过使用数学、图形学、信息科学等技术手段以可视化的形式展示不同个体、变量之间的关系。经过多年的探索，知识图谱已经成为金融科技的重要组成部分之一，目前被大量应用于反欺诈、反洗钱等领域中。随着知识图谱技术的进一步发展，该技术将会被更广泛地应用于金融行业中。例如，知识图谱可以用于风险分析和预测，将目标企业或目标客户的业务往来、社会关系、资金往来进行梳理，从中发现潜在的风险节点加并以防范；通过对目标群体的商业关系进行分析，也能挖掘出客户的潜在需求，拓展业务范围，增强客户黏性。目前，招商银行、柳州银行、兰州银行等金融机构已经开始搭建知识图谱平台，通过知识图谱技术防控风险、挖掘潜在客户。2019年应用知识图谱技术的金融机构数量大幅增加，其业务范围也大大拓展，知识图谱在整个金融行业的多个业务中获得广泛应用。

趋势二：差分隐私等新技术将被引入消费者隐私保护中

在技术引领的金融变革中，数据是核心驱动力，而保护数据的隐私又是利用好数据的前提。在数据隐私保护技术经历了以限制发布为技术手段阶段、以数据加密为技术手段阶段后，如今演进至以数据失真为技术手段的阶段，而差分隐私（Differential Privacy）正是这种基于数据失真的隐私保护技术。差分隐私的基本思想是对原始数据的转换或者是对统计结果添加噪音来达到隐私保护效果，使得隐私保护后的数据使用者能够知道数据的统计信息，而无法获取原始数据中个体的隐私。2019年，差分隐私等数据保护技术更多地应用于金融科技的数据隐私保护中，并在依法加强隐私保护的前提下，各金融机构数据的范围边界和使用方式将更加明确，稳步推动数据资源开放和共享，打通数据孤岛，更好地服务消费者与实体经济。

趋势三：智能助手将助力普惠金融

在金融领域之外，智能助手已经发展多年，比如苹果公司的Siri、微软公司的小冰等,为用户带来了极大的便利;而随着金融科技的进一步发展,尤其是人工智能技术的进步,一些金融智能助手将会不断涌现。该类智能助手可以通过结合语音识别、自然语言处理、图像处理、模拟问答等技术模拟人工客服,了解、收集客户需求,推荐或提供相应的金融服务,也可以对用户进行指导,帮助其尽快完成复杂的业务流程。相比于其他金融科技产品,金融智能助手大大降低了客户使用金融服务的门槛。例如,模拟人工客服能使一些中老年人快速上手金融服务业务流程,此外,针对失聪用户侧重图像引导,对于盲人用户侧重语音指导等,让传统金融覆盖不到的人群也能够享受到金融服务。2019年金融领域的智能助手更加普及,助力普惠金融的发展。

趋势四:区块链中的联盟链逐渐"脱链"

同其他金融科技技术相比,区块链技术发展时间较短,尚处在探索尝试阶段,各大金融机构或是科技企业仍在摸索适合的商业模式。在过去的2018年,多家大型商业银行组建了以自己为中心的区块链联盟,在联盟内部开展区块链技术应用实验。然而此种做法与区块链的去中心化思想存在一定的偏差,2019年一些企业开始尝试联盟链"脱链",回归区块链的去中心化本质。"脱链"并非区块真的脱离所在链条,而其思路类似于银行支票的使用,"脱链"的区块背后拥有一定的来自某个金融机构的背书,区块中记录如银行对客户身份的认证信息,这样,该区块将不仅能得到联盟内部的认可,也能受到非联盟成员的信任。这种"脱链"的方式试图打造一个更加开放的、互信的金融信息共享平台,打通不同银行或金融机构间的数据孤岛。

趋势五：5G的部署有望动摇App在金融服务形式上的强势地位

近些年来，移动通信带宽不断增强、速率稳步提升，第五代移动通信技术（5G）的部署与商用，能够提供近百倍于4G的峰值速率，连接能力将增强至百亿级，带来海量的机器类通信及连接的深度融合。高速的移动互联网使得金融领域中的软件云化趋势更加明显，即以手机为代表的移动终端无须再安装纷繁复杂的金融类App，用户只需利用手机端的浏览器通过高速的网络即可享受到云端的金融服务，使得金融服务线上渠道在手机端与网页端的现有格局有望被打破，金融服务线上渠道从手机App回归网页端。从金融机构的角度来讲，金融服务线上渠道的回归更易于用户的导流。此外，高速的网络使得金融服务从文字、图片指引快速向视频指引发展，更有利于提升用户的使用体验。

趋势六：金融智能化向中后台业务渗透

随着金融科技的迅猛发展，技术对金融行业的改造愈加广泛和深入，越来越多的新技术被应用于金融业务中来，所辐射的业务范围也更加多元，逐渐从金融业务的前台拓展到中后台。例如，人工智能和大数据技术使得风险管控更加智能和有效；机器人流程自动化（Robotic Process Automation，RPA）、光学字符识别（Optical Character Recognition，OCR）、图像识别等技术的应用将协助实现纸质文件数字化和业务流程的线上化，金融业中后台对账、录入等业务受到巨大影响，不会疲劳、准确度极高的机器有望取代部分金融机构或银行工作人员，在节约人工成本的同时提升中后台业务处理效率。目前，四大会计师事务所德勤、普华永道、安永、毕马威相继上线财务机器人解决方案，该方案可以代替部分财务流程中的人工操作，对各种财务流程进行一定的自动化监控，实现了中后台业务的效率提升，降低了人工成本。2019年，中后台业务中引入了更多的智能化技术手段。

趋势七：金融类App呈现"走出去"与"引进来"趋势

"走出去"是指随着商业银行资管业务独立性增加，会出现一批来自商业银行的专攻理财、资管的金融类App，它们的出现，会大大加剧理财市场的竞争；"引进来"是指部分原本商业银行的业务会被引入其理财子公司以增强其竞争力与盈利能力，这将会使来自商业银行的资管类业务不断拓展，为客户提供更多元化的金融服务。2018年4月，中国人民银行、中国银行保险监督管理委员会、中国证券监督管理委员会、国家外汇管理局四部委联合发布了《关于规范金融机构资产管理业务的指导意见》（以下简称《资管新规》），《资管新规》对金融机构资产管理业务提出了新的、更严格的要求。为适应新的监管模式与监管要求，多家商业银行成立全资理财子公司，采取与以往不同的经营方式，相应地也会对金融科技的应用模式产生影响。金融类App将会呈现"走出去"与"引进来"趋势。

趋势八：非零售型金融业务应用将是金融科技的蓝海

金融科技最早的战场在金融业务的零售端，以阿里、腾讯为代表的互联网巨头通过移动互联网、大数据等技术切入个人金融业务领域，与传统金融机构尤其是商业银行进行竞争。经过几年的发展，零售端业务金融科技的应用已成为红海，市场已被各互联网企业或金融机构瓜分。而金融行业非零售业务中金融科技应用相对较少，是金融科技未来发展的蓝海。2019年，一些具有市场敏锐度的金融机构加大非零售领域金融科技发展投入力度，积极拓展以大数据、云计算、人工智能等为代表的金融科技技术在非零售业务中的应用，如投资银行、供应链金融、中后台运营等领域。

国务院发展研究中心金融研究所与中国建设银行研究院共同开展的"全球系统重要性银行金融科技活跃度评估指数"课题研究结果显示，金融科技存在一定跨界竞争的趋势，例如摩根大通、高盛集团等原本专注在对公业务特别是投行业务的银行，其金融科技活跃度也较高。这种跨界竞争势头可能来自非零售型银行的后发优势，由于历史原因，它们自身物理渠道较少，直接采用新技术手段服务零售客户，能以更低成本获得更有价值客户。这种低成本高收益的机遇也会反过来刺激觉醒的大型传统银行返身投入到金融科技非零售业务大潮中。

趋势九：金融机构在金融科技方面的投入比例将持续攀升

在金融科技的发展浪潮中，金融机构尤其是商业银行面临新的挑战，为应对来自互联网公司的挑战，提高自身核心竞争力，金融机构将会加强在金融科技领域的资金投入和人才建设。例如，招商银行和中国银行宣布将会确保每年对科技创新的投入不少于上年度集团营业收入的1%，分别约为22亿元和48亿元。但是，国内商业银行同美国商业银行相比，在金融科技的投入方面仍存在一定差距。2017年，美国银行业巨头摩根大通在金融科技领域的投入约为95亿美元，占其总利润的1/3，而2018年金融科技领域的资金投入约为105亿美元。2019年，国内金融机构强化金融科技投入势头继续保持，而且出现加速的趋势。

趋势十：模型可解释性成为金融与监管机构关注的热点

德国联邦金融监管局（BaFin）在2018年7月发布报告《当大数据遇上人工智能——金融监管面临的挑战与启示》（*Big Data Meets Artificial Intelligence—Challenges and Implications for the Supervision and Regulation of Financial Services*），其中认为模型可解释将是机器学习应用在金融领域的"拦路虎"。对于监管机构而言，模型可解释的好处有两点，一是模型可解释可以更好地对消费者权益进行保护，即实现"一碗水端平"，有助于去除模型设计时的"歧视性"因子，实现普惠金融；二是模型可解释可以防止"模型共振"，即各个金融机构都基于相似的背景知识设计相似的模型，导致模型的输出结果也大多相同，发生共振，进而有可能引发系统性金融风险。对于金融机构自身而言，模型可解释也使得金融机构更容易满足监管机构的合规要求，使模型更为有效，也可以保护金融机构的从业者。当前，美国国防预先研究计划局（DARPA）正在开展"可解释人工智能"计划（XAI），以此探索对人工智能模型进行解释的技术。按照DARPA的设想，XAI的目标是"产生更多可解释的模型，同时保持高水平的学习表现（预测准确性），使人类用户理解、信任和有效地管理新一代人工智能合作伙伴"。欧盟的全球数据保护法规（GDPR）

也要求科技企业对其所使用的人工智能模型的工作方式对用户做出解释。尽管中国的监管机构暂未明确要求金融机构在使用金融科技技术拓展客户渠道、升级业务模式、提升服务体验时所使用的模型需要可解释，但模型可解释性将成为金融机构与监管机构在2019年共同关注的热点。

趋势十一："沙盒"性质的监管日渐普及

"沙盒"概念最早由英国政府提出，随后，新加坡、澳大利亚、中国香港等地金融监管部门纷纷采取"沙盒"监管方式，在保护消费者权益、防止风险外溢前提下，放宽监管，鼓励金融创新与发展。2018年10月，中关村科技园区管理委员会、北京市金融工作局和北京市科学技术委员会发布消息，经北京市政府同意，联合发布《北京市促进金融科技发展规划（2018—2022年）》，探索以"监管沙盒"为核心的金融科技监管创新试点落地；该规划中明确指出"支持金融科技企业在特定区域和楼宇聚集"，这可以看作某种维度的"沙盒"监管措施。2019年，"沙盒"监管模式在全国范围内进一步发展。

趋势十二：监管科技与合规科技同步迅速发展

金融科技发展迅速，深刻地影响着金融行业的方方面面，在极大提升金融机构服务水平与工作效率的同时，也产生了新的风险，给监管机构的监管和内部合规控制带来了巨大的挑战。在新形势下，监管科技与合规科技呈现自动化、全口径化与预测化的趋势。在人工智能、云计算、大数据等技术与各类金融信息平台的帮助下，监管机构与金融机构内控部门将有能力实现对金融业务的全天候、全方位自动监控，更强大的计算能力能够保证对每一笔金融业务进行合规分析，24小时在线的云端服务能够实现全天候的金融监管。此外，利用大数据与人工智能相关技术，监管部门与金融机构内控人员也可以对特定企业或业务团队做出行为预测，有针对性地进行提醒和督导，做到事前监管，防患于未然。

2018年8月31日，证监会正式印发《中国证监会监管科技总体建设方案》，其中指出，证监会未来监管科技建设的目标是建设一个高效的监管平台，利用大数据、电子预警等技术对资本市场主要生产和业务活动进行实时监控和历史分析调查，辅助监管人员对市场主体进行全方位、实时的监控监测。2019年，监管科技与合规科技同步迅速发展。

趋势十三：金融科技行业规范渐趋形成

金融科技的广泛应用大幅提升了金融机构的工作效率，然而，金融科技在为消费者带来极大便利的同时也存在风险，代码共享、模型复用等方式使得金融机构间关联度提升，风险传导的可能性增加、传导速度加快。例如，智能投顾服务可能会给数量众多的客户同时提供相似的投资建议，导致买卖一致的情况出现，放大单一金融风险。金融科技带来的新变化客观上要求形成一个金融科技的行业规范，行业内的所有参与主体均要遵守执行。2019年，更多行业机构、龙头企业、金融单位、地方政府及国家层面都推出了金融科技的行业规范。

参考文献

[1] Pujara J，Miao H，Getoor L，et. al. Knowledge Graph Identification [C]. International Semantic Web Conference，2013.

[2] 搜狐. 招商银行总行知识图谱项目落地上线，完成高效风控 [EB/OL]. 2018-11-22，http://www.sohu.com/a/277185144_100300776.

[3] 海致星图. 柳州银行联手海致星图，撬动普惠金融可持续发展力量 [EB/OL]. 2018-05-17，http://baijiahao.baidu.com/s?id=1600699062473825552&wfr=spider&for=pc.

[4] 正月. 知识图谱加持智能金融——兰州银行正在借助知识图谱技术打造基于数据的竞争力 [J]. IT经理世界，2017-01.

[5] 张啸剑，孟小峰. 面向数据发布和分析的差分隐私保护 [J]. 计算机学报，2014-04.

[6] 鲜征征，李启良. 差分隐私保护在推荐系统中的应用研究 [J]. 计算机应用研究，2016-05.

[7] 新浪科技. 阿里巴巴达摩院发布2019十大科技趋势 [EB/OL]. 2019-01-02，https://tech.sina.com.cn/roll/2019-01-03/doc-ihqhqcis2455634.shtml.

[8] 余应敏，王彩淋. 财务机器人对会计行业的影响及其应对策略 [J]. 会计之友，2018-01.

[9] 中证网. 央行等部委发布资管新规 [EB/OL]. 2018-04-27，http://www.cs.com.cn/xwzx/201804/t20180427_5788302.html.

[10] 国务院发展研究中心金融研究所，中国建设银行研究院. 金融科技研究与评估2018：全球系统重要性银行金融科技指数 [M]. 北京：中国发展出版社，2018.

[11] 洪偌馨. 1%与20%，中外银行业金融科技投入的真实差距 [EB/OL]. 2018-12-20，http://finance.sina.com.cn/zl/bank/2018-12-20/zl-ihmutuee1160569.shtml?source=cj&dv=2.

[12] BaFin. Big Data Meets Artificial Intelligence – Challenges and Implications for the Supervision and Regulation of Financial Services [EB/OL]. 2018-07-16，https://www.bafin.de/SharedDocs/Veroeffentlichungen/EN/Meldung/2018/meldung_180716_kon_bericht_zur_bdai_studie_en.html.

[13] 看航空. 美国DARPA开展"可解释人工智能"计划 [EB/OL]. 2017-11-30，http://baijiahao.baidu.com/s?id=1585476615784898775&wfr=spider&for=pc.

[14] 雷锋网. "可解释的人工智能：让机器解释自己，减少算法产生的偏见" [EB/OL]. 2018-05-22,http://baijiahao.baidu.com/s?id=1601160472028744020&wfr=spider&for=pc.

[15] 中关村科技园区管理委员会，北京市金融工作局，北京市科学技术委员会. 关于印发《北京市促进金融科技发展规划（2018—2022年）》的通知 [EB/OL]. 2018-10-24, http://zfxxgk.beijing.gov.cn/110081/gfxwj22/2018-11/09/content_dd02bdff10294ee6ab460e3b72c34fd1.shtml.

[16] 中国证监会. 证监会正式发布实施监管科技总体建设方案 [EB/OL]. 2018-08-31,http://www.csrc.gov.cn/pub/newsite/zjhxwfb/xwdd/201808/t20180831_343433.html.

[17] 人民网. 李东荣谈中国互金协会工作：从四方面加强金融科技发展 [EB/OL]. 2018-12-27，http://www.fjii.com/cj/ssjj/2018/1227/200012.shtml.

[13] 看航空. 美国DARPA开展"可解释人工智能"计划 [EB/OL]. 2017-11-30, http://baijiahao.baidu.com/s?id=1585476615784898775&wfr=spider&for=pc.

[14] 雷锋网. "可解释的人工智能：让机器解释自己，减少算法产生的偏见" [EB/OL]. 2018-05-22,http://baijiahao.baidu.com/s?id=1601160472028744020&wfr=spider&for=pc.

[15] 中关村科技园区管理委员会，北京市金融工作局，北京市科学技术委员会. 关于印发《北京市促进金融科技发展规划（2018—2022年）》的通知 [EB/OL]. 2018-10-24, http://zfxxgk.beijing.gov.cn/110081/gfxwj22/2018-11/09/content_dd02bdff10294ee6ab460e3b72c34fd1.shtml.

[16] 中国证监会. 证监会正式发布实施监管科技总体建设方案 [EB/OL]. 2018-08-31,http://www.csrc.gov.cn/pub/newsite/zjhxwfb/xwdd/201808/t20180831_343433.html.

[17] 人民网. 李东荣谈中国互金协会工作：从四方面加强金融科技发展 [EB/OL]. 2018-12-27, http://www.fjii.com/cj/ssjj/2018/1227/200012.shtml.

后　记

　　金融与科技的迅速融合不断推动金融业务变革，金融科技带来了层出不穷的金融创新，这不仅会改变金融生态和竞争格局，也将对金融政策、金融监管乃至实体经济产生深刻影响。国务院发展研究中心金融研究所和中国建设银行研究院联合开展金融科技研究，结合两家单位在政策与实践方面的优势，从金融科技政策、全球系统重要性银行金融科技指数评估、金融科技创新三个方面对金融科技进行全景式描述，以期增进读者对金融科技的理解与认识。

　　本书是继2018年全球系统重要性银行金融科技指数评估后的又一年更新评估，从年度特征、理论模型、采集方法及指标覆盖等方面进行全面改进。由于数据都来自公开渠道，其全面性、精准性难免不尽如人意。但我们仍希望超越常见的定性分析，对全球系统重要性银行的金融科技及业务进行定量评估。未来课题组将持续关注金融科技最新动态，将研究推向深入。本书如有不足之处希望读者不吝指出，便于我们进一步改进。

"金融科技研究与评估2019"编写组

2019年12月1日